Prä-Astronautik rockt !

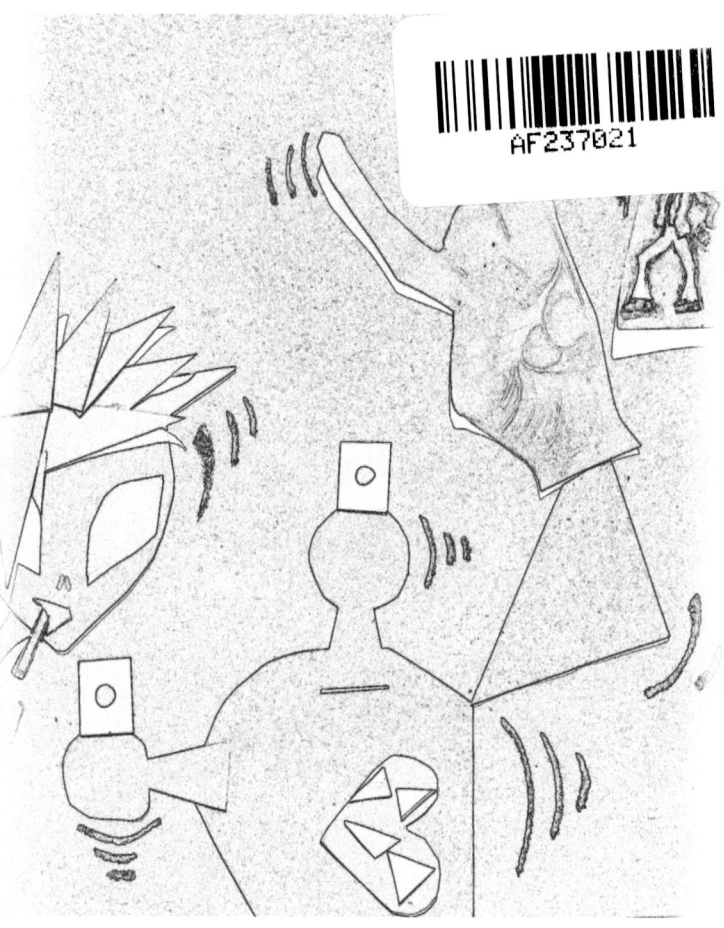

Simone Guillaumon

PRÄ-ASTRONAUTIK ROCKT!

PROSA, POESIE & PUNK

Simone Guillaumon
veröffentlicht hiermit ihr drittes Buch.
Weitere Werke:
- *Die Büronomadin - Die Geschichte einer Rastlosen*, Job-Satire, Pseudonym: *Stephanie König, Schwarzkopf & Schwarzkopf Verlag*, Berlin;
- *Phins Lesenacht*, Erotikroman, Pseudonym: *Anne Guillaume*, *C.M. Brendle Verlag*, Albstadt

Schriftstellerische Projekte: Gastbeitrag Themenwege, 2002; Der Punkkönig & seine Prinzessin, 2006; Pan kommt, 2007; Die Frau in Weiß, 2008; Hamsterrad, 2009; Musik & Theater: Hit the Bass for Jam Jar, 2001; Linie 1, 2003, Messrs. Noname & the Chicks, 2005; Tourbegleitung von Georg Ringsgwandl & Band, Jan. 2007 bis Nov. 2019; Fotokunst: Akt-, Architektur- und Landschaftswerke mit Louis Leißl; Ausstellungen: *Antagon & Ambrosius, Galerie am Kohlenmarkt*, Regensburg; 1997: *Elfenwald* mit Heinz Feuchtinger; *Pregnant & Perfumed, Naked on Ice* und *Excès dans la Neige* mit Olaf Völker, 1998-2012.

ISBN 9783753476353
© Simone Guillaumon, 2021
Coverfoto: Erich von Däniken
Herstellung und Verlag: BoD - Books on Demand,
Norderstedt

*Vergebens klopft, wer völlig nüchtern ist,
an der Musenpforte an.*

(Platon)

Inhalt

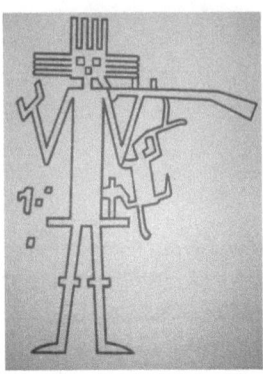

Do you also love the punky style ?

„Der Roboter" in der Wüste von Tarapacár ist eine von
mehreren Tausend Geoglyphen in Südamerika. Allein am
Rande der Ebene von Nazca, Peru, befinden sich über
1.500 Scharrbilder.
Über das Plateau von El Enladrillado räumt das
Regierungsblatt *El Arauco* die Möglichkeit ein, dass es
sich um das Werk von Lebewesen anderer Planeten
handelt. Auch die Zeitung *„La Mañana"* schrieb:
„Könnte dieser Ort ein Landeplatz für
Götter gewesen sein? Ohne Zweifel!"
Südamerikanische Länder behandeln die Vorstellung von
Besuchern aus prähistorischer Zeit erfrischend locker.
Zu Indien kommen wir später ... Seien Sie gespannt!

Viel Freude beim Schmökern von
Prä-Astronautik rockt – Prosa, Poesie & Punk"
wünscht
Simone Guillaumon!

PROLOG

„Prosa, Poesie und Punk – ohne die drei wär'
alles nix!"

Mitch saß auf seiner alten Filzdecke auf der
unteren Stufe des Brunnens auf dem Regens-
burger Haidplatz, als er diesen Satz aussprach
und mir am Vorabend des ersten Advents im
Jahre 1999 einen Gedichtband überreichte.

„Schau mal hier rein, das rockt!"

Wir kannten uns erst wenige Wochen. Irgendwann kam mir bei einem Einkauf plötzlich die
braune Hundeschönheit in den Sinn, die stets
zu Füßen des Typen mit der orangefarbenen
Irokesenfrisur lag.

Heute traue ich mich, nahm ich mir vor und
wählte eine Packung Trockenfutterkringel.

„Labbi", Mitchs Labrador, freute sich über mein
Mitbringsel und leckte die Kringel einzeln aus
meiner Hand. Sein Herrchen stellte sich vor und
fragte nach meinem Namen. Von da an
wechselten wir gelegentlich ein paar Worte,
wenn ich die beiden im Zentrum der Altstadt
irgendwo zwischen der Steinernen Brücke und
dem Alten Kornmarkt sitzen sah.

Selten befand sich etwas Essbares auf ihrer
Decke, doch jedes Mal lagen mehrere Bücher

darauf. Dass „Punker-Mitch", wie Einheimische die schillernde Erscheinung nannten, Poesie von Hans Kruppa mochte, überraschte mich. An jenem Abend schlug ich den Sammelband auf, den Mitch mir gerade in die Hand gedrückt hatte:

Wo liegt euer Lächeln begraben? – Gedichte gegen den Frust lautete der Titel. Ich landete auf Seite 31: *Ermutigung* war das erste Kruppa-Gedicht, das ich las, und über die Jahre folgten mehrere Bände. Die ersten Worte, die ich von Hans Kruppa gelesen habe, verhalfen mir zu Resilienz und Stärkung nach Anfeindungen, die ich hinsichtlich meiner ersten Bücher erhalten hatte. Hier ein Auszug:

Ermutigung

Steh zu dir,
so oft du auch gefallen bist.
Nimm dich wahr,
wie lange du dich auch verleugnet hast.
Bleib dir treu,
so oft du dich auch noch betrügen magst.
Geh mit dir,
und wenn du dich tausendmal in die Irre führst.
Nick dir zu,
selbst wenn die ganze Welt
den Kopf über dich schüttelt.
…

Es gibt Begegnungen, deren Kraft uns berührt, begleitet, verändert. Die mit Mitch an jenem Abend zeichnete durch die Wucht des Gedichtes über die nachfolgenden Jahre ein Gemälde von unerschütterlichem Vertrauen in meine „innere Galerie".

Meine geliebten Eltern hatte ich viel zu früh verloren, und nun galt es, den „prosaischen Teil des Lebens", wie Punker-Mitch das Alltagstreiben nannte, auf eigene Faust zu meistern.

Poesie half mir an Tagen der Ohnmacht über deren Grau hinweg, und das „punky Element", laut Mitch „die bunte Krone, die das Prosaische lebenswert macht", erkannte ich von nun an in vielerlei Form: in Kreativität, Ausgelassenheit, Freude, Zuversicht, Erlebnishunger, Reiselust, Entdeckungsgeist, Andersartigkeit, Bewegung, Phantasie, Extase.

Sie geschehen nicht allzu häufig, doch jeder kennt sie: Zusammenkünfte, die den Status der Unvergänglichkeit in unserem Herzen erreichen. Immerwährend behalten wir ihren Zauber inne, und zart, still, kaum merklich wächst die Sammlung der kostbaren Lichtmomente in uns an: Bild für Bild fügen wir sie als poetische Nahrung dem Grund unserer Seele hinzu.

Unumstößliche Fülle jener Augenblicke ist es, die alle Wetter in uns übersteht: jede Flut, jedes Feuer, jeden Sturm. Dieser Reichtum begleitet uns, solange unser Geist Teil des erhabenen Kosmos um uns herum ist.

Auch ich trage sie bei mir, die kostbare Galerie der Erinnerung. Immer wieder durfte ich Momente der Glückseligkeit erleben, und für jeden küsse ich die „Freudenregenausgießer", wie die 4-jährige Anni von nebenan diejenigen nennt, die „ganz draußen im lila Himmel wohnen".

Bei der Ausarbeitung des vorliegenden Buches waren es Begegnungen und der Austausch mit Menschen, die mich unterstützten bei der Entstehung und Auslebung bis hin zur Niederschrift von Teilen einer tiefen Leidenschaft: Die Liebe zum All – mit *all* seinen Möglichkeiten, die daraus resultierenden Fragen und Ideen zu deren Beantwortung, die Kraft seiner Inspiration und seinem ewig währenden Zauber.

Mein inniger Dank geht an Erich von Däniken, für den ich seit vielen Jahren tiefe Bewunderung empfinde. Aus seinem überwältigenden Archiv von über 200.000 Bildern, das bei seinen unzähligen Forschungsreisen entstanden ist und bis heute anwächst, durfte ich eine Auswahl zur Verwendung treffen. Ramon Zürcher, Mitarbeiter der *A.A.S. – Forschungsgesellschaft für Archäologie, Astronautik und SETI* und Sekretär von EvD, hatte nicht nur jederzeit ein offenes Ohr für mich, sondern überdies wahrlich eine *Engels*-Geduld.

Ein ganz herzlicher Dank geht ebenso an Gisela Ermel, Chefredakteurin der *Sagenhaften Zeiten*, das Magazin der A.A.S., für ihren wertvollen

Rat und den herzerfrischenden Zuspruch, der mich mit großer Freude erfüllt.

Meinem Freund Dr. Georg Ringsgwandl, selbst Schriftsteller und künstlerischer Tausendsassa, danke ich für den Beistand, den er mir seit Oktober 2005 bei jedem meiner Projekte leistet.

In Phasen der Dehydrierung und Kalorienabstinenz aufgrund von Schreib-, Lese- und Recherchebesessenheit umsorgte mich mein lieber Sohn, der von Reinhard Habeck den Beinamen „Sternenboy" erhielt. Tim, ich danke dir für dein alles heilende Strahlen und deinen Ansporn „Work on your Purpose!". Du bist die Wucht!

Von dem Menschen, der die vorliegende Geschichte ins Rollen brachte, als ich sechs Jahre alt war, wird im Epilog erzählt.

Und nun:

Auf zu den Sternen!

1. PUNK!

Shiva, Aton & Manitu auf Exoplanetensuche

Der Alien ist unter uns. Er bildet die führende Elite und Geheimallianz, hat uns versklavt, liest unsere Gedanken, steuert unseren Konsum und spricht unsere Sprachen: Englisch, Russisch, Mandarin, Arabisch, Spanisch (ja, auch katalonisch, ja doch!), Deutsch, Bayrisch, Sächsisch, Flämisch und so fort.

Er hüllt sich in Menschengewand, lauert uns auf, ist Meister der Verführung und paart sich mit uns. Wenn es schneller gehen soll, entführt er uns im Schlaf, doktert an uns herum zur Stammzellenentnahme und züchtet Hybriden. Der Mensch ist sein „Babe", Versuchstier und Gegenstand eines biotechnischen Projekts.

Eine hübsche Petrischale hat er sich ausgeguckt, der Extraterrestrische, kurz E.T., als er die Erde vor einer halben Ewigkeit entdeckte. Der Blaue Planet als Genlabor – perfekt.

„Doch wer tappt da durchs Unterholz, jagt und sammelt unkultiviert, ist schlecht rasiert und gibt befremdliche Laute von sich?", haben sich die kosmischen Kolonialherren vielleicht gefragt. „Dem werden wir helfen! Der braucht Bildung, Ackerbau und ein aufgepepptes Genom. Wer macht's?"

Vielleicht war es ein riesiges Mutterschiff, das zunächst nur ein paar Untertassen abließ zum Ausspähen. Osiris, Shiva, Manitu, Erzengel Michael und Thor könnten die Namen der Abgesandten gewesen sein. Oder Zeus, Luzifer, Isis und Athene.

Die Außerweltlichen landen, essen noch eine Happen aus der Manna-Maschine, bevor es losgeht und zwängen sich ungelenk in ihre Astronautenanzüge. Vielleicht stoßen sie bei einem Stamperl Chlorellaschnaps auf die geglückte Landung an und sprechen sich Mut zu. Oder sie bilden einen Kreis und reden noch mal drüber.

„Du, ich find des echt voll gut, dass wir jetzt mal was Sinnvolles machen dürfen nach der ewigen Exoplanetensuche."

„Ja, du, das find ich auch, da bin ich total bei dir, Osiris!" Ein letzter Schluck, Helm auf, Atemgerät nicht vergessen, Luke auf.

Draußen stehen Homo erectus, Homo heidelbergensis und ein paar weitere Hominide und kratzen sich am Kopf. Jetzt sind sie also da, die Götter. Reiten auf feuerspeienden Vögeln über den Himmel, steigen unter Himmelsgebrüll herab und verscheuchen unser Abendessen (im Hintergrund macht sich gerade ein Mammut aus dem Staub).

Die Götter haben's drauf und werden schnell verehrt. Telepathisch machen sie den Wilden klar: *Wir machen euch klüger, schöner und satter. Ihr müsst nur hübsch aufpassen und die Felder bestellen. Außerdem brauchen wir den Intelligentesten unter euch, der wird dann König und ist euer Chef. Ein paar von uns schauen immer mal wieder vorbei. Das da oben ist unsere Base, da forschen wir ein bisschen und gucken euch zu. Aus euch soll ja schließlich auch mal was werden.*

Der Urmensch ist begeistert. Zwischen Tieren und Pflanzen, die er in seine Höhle malt, findet er noch Raum für die Götter und ihre fliegende Schildkröte, in der sie unterwegs sind und die sie gebiert, sobald sie aufgesetzt hat und ihren Bauch öffnet.

An den Anthropologen, der sich Jahrtausende später das Hirn darüber zermartert, welcher Kult hinter diesen Phantastereien wohl gesteckt haben könnte, denken sie nicht, und an Erich von Däniken, der die fliegende Schildkröte als Raumschiff und die Wesen mit Antennen und Helmen als Kosmonauten erkennt und dafür ausgelacht wird, denken sie auch nicht. Hätte es ihnen jemand erzählt, wäre es ihnen – so meine Vermutung – ziemlich schnurz gewesen. „Nach mir die Sintflut!", dachten sie vielleicht.

Wie Recht sie doch hatten.

Der gelangweilte Inder

Die Theorie der Prä-Astronautik besagt, dass unsere Erde in prähistorischer Zeit von außerirdischen Zivilisationen entdeckt, erforscht, bewohnt, zum Teil bepflanzt, bevölkert wurde. Hinweise darauf finden wir auf allen Kontinenten in Form von alten Schriften, Artefakten, Kunst-/-gegenständen wie Höhlenmalereien, Schnitzereien, Skulpturen etc. Ein Beispiel ist die mindestens 17.000 Jahre alte Nomolifigur, die im Innern eine Chromkugel enthielt – Chrom wurde allerdings erst 1797 von Louis-Nicolas Vauquelin entdeckt. Huch! Welch fataler Satz! Warum, lesen Sie später im Kapitel „Bruderherz".

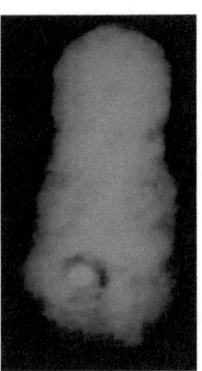 

links: Röntgenbild vor Öffnen der Nomolifigur
rechts: Figur und 17.000 Jahre alte Chromkugel

Weitere Nomoli-Figuren:

Die Abbildung zeigt ... eine Reptiloiden-Boygroup!
(nach gewagter Mutmaßung der Autorin)
Quelle: „Dinge, die es nicht geben dürfte";
Reinhard Habeck

Prä-Astronautik wird von zahlreichen Archäologen abgelehnt, da eine andere Ansicht zur Herkunft von Artefakten nicht in das gängige Bild zur Entwicklungsgeschichte des Menschen passt.
Funde wie die Chromkugel in der Nomolifigur, der Astronaut auf der Grabplatte von Palenque (siehe nächste Seite) oder der London Hammer lassen mein Herz höher schlagen. Letzterer wurde vom *Metallurgischen Institut* des *Batelle Memorial Laboratory* als „möglicherweise nicht irdischen Ursprungs" erkannt. Geologen datieren sein Alter aufgrund des Sedimentgesteins und versteinerten Holzes, aus dem der Griff besteht, auf 140.000.000 bis 400 Mio Jahre. That's Rock'n'Roll of Paläo-SETI!

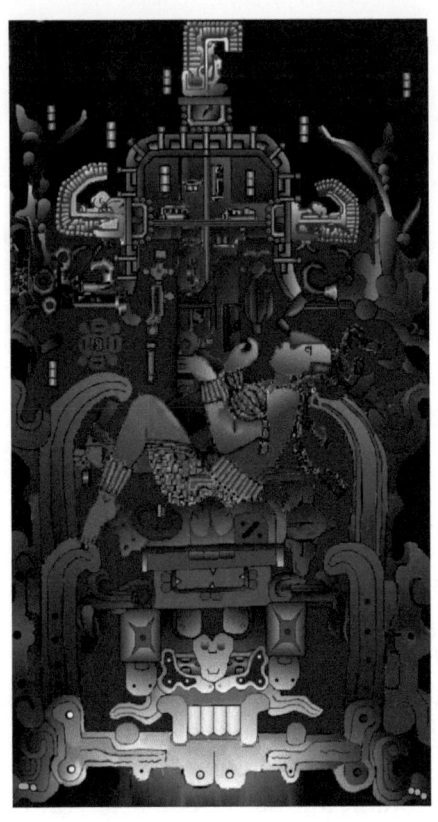

Der „Astronaut von Palenque"
Quelle: www.egpelo.ch

In seinem Buch *Der Astronaut von Palenque*
wählt Pierluigi Peruzzi hinsichtlich der uner-
müdlichen Truppe der Glaubenskultherausleser
und Deutungsspezialisten zwar harsche Worte,
jedoch unmissverständlich:

„ … zu interpretieren gibt es hier nichts. Es ist ein Fluggerät, das sieht wirklich der dümmste Mensch auf Erden." Der Autor erkennt und zählt auf: Raumkapsel, Bodenstützen, Auslassdüsenzylinder, Brennkammer, Verdampferräume, Kolbenpumpe, Schubgase, ergonomische Fußabstützung, Sitzregulierung, Nasenschutz, Riemen der Einstellschraube, Hebelarm, Schubumlenker, Haltegriff mit Drehschalter, Triebwerk auf Basis des Brennkammerdrucks mit einem Wirkungsgrad von über 90% – im Vergleich zu Modellen der heutigen Zeit, deren Wirkungsgrad nur rund 30% beträgt.

Laut Peruzzi verläuft die vektorielle Schubkraft zu nahezu 100 % in die korrekte Richtung – im Gegensatz zu jenem Triebwerk, das von Wernher von Brauns konzipiert wurde.

Piere Luigi nennt den Raumfahrer „der Irre von Palenque" – ich taufe ihn hinsichtlich des ausgestoßenen Rauchs auf den Namen

← *Steamy, the Space Punk!*

Zurück zu den Nomoli: Eine geschlossene Figur aus prähistorischer Zeit, die im Innern eine perfekt gearbeitete Aushöhlung aufweist, in der sich eine kreisrund gegossene Kugel aus einem Metall befindet, das erst rund 17.000 Jahre später entdeckt wurde, ist als Hinweis für außerweltliche Besucher kaum zu toppen.

Mein Favorit ist folgende Nomoli-Statuette:

Die Ähnlichkeit zwischen der west-
afrikanischen Nomolifigur des Mende-Stammes
(links) und einem Totem der
Ketchikan-Indianer aus Alaska rockt!
Nach gängiger Lehrmeinung konnten beide
Völker aufgrund der Distanz von rund
12.000 km keinen Kontakt zueinander pflegen.
Es stellt sich die Frage, welches Wesen beide
Völker zu sehen bekamen.

Bilder gemeinfrei; Quellen für Fotomaterial:
Wikimedia Commons

Prächtige Hinweise hinsichtlich der Theorie der
Prä-Astronautik sind weltweit vorhanden. Um
sie als solche zu erkennen, müssen wir lediglich

unseren Blickwinkel ändern. Der moderne Mensch der westlichen Welt akzeptiert meist nur das, was er mit eigenen Augen sieht. Als stichfesten Beweis gilt beim Gegner der Prä-Astronautik vermutlich nur ein außerirdisches Raumschiff direkt vor seiner Nase.

Auffällig ist: Der Großteil der Menschheit glaubt nicht nur an fremdartige Besucher aus dem All – mehr noch: Sie sind Teil seiner Geschichte aufgrund unzähliger Überlieferungen. Überall auf der Erde, sowohl auf ihrer Landmasse als auch auf dem Meeresgrund, finden sich stetig Zeugnisse Jahrtausende alter Kulturen, die derartig auffällige Parallelen zueinander aufweisen, dass ein Zufall ausgeschlossen werden kann.

Warum beispielsweise Veränderungen in der Desoxyribonukleinsäure (DNS) hominider Arten und deren Lebensweise nahezu zeitgleich weltweit stattfanden, beantworten Genforscher mit: „Zufall!"

Wie konnten innerhalb eines so kurzen Zeitraums alle anderen der mindestens acht Menschenarten aussterben und nur der Homo sapiens sapiens überleben, wenn doch andere Arten wie der Neandertaler größer, massiger, stärker, robuster waren?

Wie ist die Veränderung der DNA zu erklären, die sich zeitgleich weltweit ereignet hat?

Weiter noch: Wie konnten die gleichen Prinzipien beim Erbau monumentaler Bauten, Übereinstimmungen in Religion, Wortstämmen und Infrastruktur, beim Brunnenbau unter Beachtung derselben mathematischen und astronomischen Prinzipien entstehen sowie ein zeitgleicher Übergang vom Jagen und Sammeln hin zur Landwirtschaft?

Wieder lautet die Antwort des Archäologen: „Zufall!"

Bei mathematischem Herangehen an das Phänomen der deckungsgleichen Sprünge in der Entwicklungsgeschichte der Menschheit auf verschiedenen Kontinenten nach dem Prinzip der Wahrscheinlichkeitsrechnung ist das Ergebnis nahe Null.

Mit der Antwort „Zufall!" geben sich Anhänger der Prä-Astronautik nicht zufrieden. Weltweit entdeckte Hinweise sprechen für sich.

Giorgio Tsoukalos, Herausgeber des Legendary Times Magazine, beschrieb es mit den Worten: „In Indien wäre ich arbeitslos. Würde ich dort jemandem erzählen, dass es Besucher aus dem All gab, so bekäme ich zur Antwort: Okay. Und was gibt's Neues?"

Weltreligionen, Sagen, Mythen und Legenden berichten von „Göttern", die „mit Himmelsgebrüll, Feuer, Wind und Rauch auf metallenen Donnervögeln" oder „in Himmelspalästen auf die Erde herabstiegen".

24

Oft wird die Beschreibung des *Thronwagens* im Buch des Propheten Hesekiel des Alten Testaments in diesem Zusammenhang genannt.

Der Ingenieur für Luftfahrt und Mechanik Josef F. Blumrich wollte die These zu Hinweisen auf außerirdische Technik widerlegen und ließ die Flugmaschine anhand der Messergebnisse laut des Bibeltextes nachbauen.

Das Ergebnis überzeugte ihn: Der hinsichtlich Thermik und der Maßverhältnisse raumkapselartige Prototyp ließ ihn vom Gegner der Prä-Astronautik zu einem ihrer Verfechter werden. In seinem 1974 veröffentlichten Buch *Da tat sich der Himmel auf – Die Begegnung des Propheten Ezechiel mit außerirdischer Intelligenz* beschrieb er das „biblische Versuchsprojekt".

Weiterhin ist während der letzten Jahrzehnte ein umfassender Schatz an Funden entstanden, der das bisherige Bild unserer Menschheitsgeschichte auf den Kopf stellt.

Schillernd und einladend in all ihrer Schönheit und Faszination präsentiert sich diese Hinterlassenschaft vor unseren Augen: die Kostbarkeiten der „Götter" sowie alle erdenklichen Formen der Kunst unserer Vorfahren, die jene Wesen beschreibt.

Willkommen im Club!

Was haben Megan Fox, Albert Einstein, Leonardo da Vinci und Wolfram von Eschenbach gemeinsam?

Sie sind / waren der Ansicht, die Menschheit wurde vor langer Zeit von extraterrestrischen Zivilisationen besucht. Wissenschaftler, Forscher, Entdecker, Herausgeber, Journalisten, Gründerväter, Schriftsteller und andere berühmte Persönlichkeiten zählen zu den Befürwortern der Prä-Astronautik und / oder Ufologie wie beispielsweise Nikola Tesla, Christoph Kolumbus, Thomas Jefferson, Theodore Roosevelt, Jacob Roggeveen, William Shatner u.v.m. – und natürlich Erich von Däniken.

Verschiedene Thesen wurden im Hinblick auf die Theorie der Prä-Astronautik veröffentlicht. In einem Punkt sind sich ihre Anhänger einig: Wir sind nicht allein im Universum.

Erich von Däniken beschreibt die Herleitung diverser Möglichkeiten aufgrund zahlreicher Funde in seinem umfassenden Werk. Bislang wurden über 70 Millionen seiner Bücher verkauft und in fast 40 Sprachen übersetzt.

Der Langschädel als Sklavenhalter

Eine umstrittene These, die nicht alle Befürworter der Prä-Astronautik teilen, wurde Anfang der 60er Jahre des vergangenen Jahrhunderts von Zecharia Sitchin formuliert. Sitchin übersetzte mit seinem Team die Keilschrifttafeln aus dem alten Sumer und schlussfolgerte, dass die Menschheit erstmals vor rund 400.000 Jahren vom Volk des Planeten „Nibiru" besucht wurde, das die DNA der Hominiden-Arten veränderte, die zu jener Zeit auf der Erde lebten. Nibiru wurde als Planet unseres Sonnensystems beschrieben, der die Sonne in einer extrem elliptischen Bahn umkreist.

Die Sumerer nannten die von Nibiru kommenden „Himmelswesen" Anunnaki. Auf unzähligen Abbildungen und Kunstgegenständen aus dem sumerischen Gebiet Mesopotamiens sind sie zu erkennen.

Laut Sitchins Übersetzung, die sich mit den Abbildungen deckt, waren die Anunnaki größer als der Mensch, besaßen längliche Schädel und fungierten als Lehrmeister und Überbringer von höherem Wissen. Sie trugen und benutzten Gegenstände, die stark an unsere heutige Technik erinnern: Armbanduhren, medizinische

Gebrauchsgegenstände, elektrische Gerätschaften, Flugmaschinen. Die Sumerer waren davon überzeugt, dass es sich bei dem höheren Besuch der Anunnaki aus dem All um ihre Schöpfergötter handelte. Seite an Seite lebten die Götter auf Erden mit ihren Geschöpfen.

Der Bericht über ihren Planeten Nibiru gewinnt an Glaubhaftigkeit, da alle weiteren Planeten unseres Sonnensystems auf den Tontafeln verzeichnet sind, sogar Pluto und Neptun. Beide wurden jedoch erst im 20. Jahrhundert entdeckt.

Die These besagt, die Atmosphäre des Heimatplaneten der Anunnaki war aus dem Gleichgewicht geraten. Auf ihrer Suche nach Bodenschätzen zum Wiederherstellen des ökologischen Gleichgewichts entdeckten die Bewohner des Planeten Nibiru die Vielfalt an geeigneten Rohstoffen auf der Erde – allen voran Gold.

Um das Edelmetall zu fördern und die dafür erforderlichen Arbeitskräfte zu gewinnen, wurde die DNS der irdischen Bevölkerung verändert. Die Arbeit wurde von der neu gezüchteten Menschenrasse verrichtet – im Gegenzug erhielt sie Unterricht in Astronomie, Mathematik, Ackerbau, Pflanzen- und Viehzucht, was von den Sumerern als „Geschenk" bezeichnet wurde, für das sie ihre Götter verehrten.

Im Zusammenhang mit Sitchins These ist immer wieder von „Sklaven" zu lesen, die sich die Anunnaki „gehalten" hätten. Der Tenor der überwältigenden Hinterlassenschaft der Sumerer ist ein anderer.

Sich selbst beschrieben sie als wissbegierige Schüler, die Bildung schätzten und es als Privileg sahen, ihren Schöpfern in treuer Untergebenheit zur Verfügung zu stehen. Jene Götter wussten Rat in schwierigen Zeiten und lehrten „dem Menschenkinde" die Kunst der „hohen Lebenskunde".

Ausgrabungen mit all ihren Fundstücken belegen, dass im sumerischen Teil Mesopotamiens tatsächlich eine Hochkultur entstanden war, jedoch ohne jeglichen Hinweis auf die Herkunft des geheimnisvollen Volkes.

Die Dauer einer Umlaufbahn des Planeten Nibiru um unsere Sonne wurde in den Keilschrifttexten mit rund 3600 Jahren angegeben. Befürworter dieser These gehen davon aus, dass Nibiru sich derzeit weit hinter der Umlaufbahn des Pluto befindet.

It's Tea Time!

Die Abgesandten kehren zurück zum Mutterschiff, das bereits in orbitale Laufbahn mit ausreichend Abstand zur blauen Planetenschönheit gebracht wurde.

„Du, Aphrodite, die Atmosphäre is' echt total super, findste nich? Was macht das mit dir?"

„Meinst du die Luft da unten oder die Stimmung hier, Aton?"

„Ach du, irgendwie mein ich beides. Is' ja eh alles verwoben jenseits von Raum und Zeit."

Aton lächelt selig und guckt durchs Panoramafenster nach oben ins Sternengefunkel.

Huangdi mischt sich ein: „Dalf ich kulz stölen? Die Ausspähel sind zulück!"

„Ach toll, du, dann lass uns gleich treffen, Huangdi".

„Klieg ich auch einen Eldteil zum Aufbau fül meine eigene Lasse?"

„Von mir aus den größten, lieber Huangdi, von mir aus den größten. Wenn die anderen dir das mit allumfassender kosmischer Liebe gönnen, so sei es."

„Plima, bis spätel!"

Kurz darauf treffen sich Pilot Aton, Co-Pilot Huangdi, Aphrodite und die Ausspäher zum Tee.

Huangdi platzt fast vor Neugierde: „Wie wals?"

Osiris: „Bunt ist's da unten!"

Shiva: „... und blau, so wie wir zwei Hübschen!" (rempelt Osiris an, sie klopfen sich auf die Schenkel und lachen)

Thor: „Weiter oben stürmt's wie die Sau und der Regen ist super, das kann man toll begrünen."

Aton: „Ach ihr! Ich sehe schon, es gibt Vorlieben. Wo wollt ihr aufschlagen?"

Huangdi: „Abel immel schön del Leihe nach! Ladies fölst!"

Amaterasu: „Ich fange klein an. Die Inselchen da rechts vom Riesenteil, da mache ich Wesen mit Mandelaugen und nenne sie Japaner."

Manitu: „Wie willst du das anstellen mit den Wilden da unten?"

Amaterasu: „Wir fummeln im Labor am Erbgut, dann kann sich jeder seinen eigenen Traumtypen backen-äh-basteln."

Thor: „Du meinst, wir erschaffen Wesen nach unserem Ebenbild?"

Amaterasu: „Ja, die sollen sich dann die Erde untertan machen!"

Manitu: „Und wie nennen wir die dann?"

Inti (kratzt sich grübelnd am Kopf): „Mensch Meier, keine Ahnung!"

Manitu: „Meier! Das ist es! Wir nennen die Erdlinge Meier!"

Huangdi fuchtelt mit den Armen und wehrt ab: „Nein! Bitte was ohne ´l´!" (verzweifelt kritzelt er ein „r" auf seinen Agenda-Block und zeigt es in die Runde)

Isis: „Okay, dann ´Mensch´!"

Die Götter schlürfen am Tee, einige grummeln „Mensch", alle nicken.

Amaterasu: „Isis, wo zieht's dich hin?"

Isis: „Am liebsten genau in die Mitte der Landmasse."

Thor: „Hä, wie meinstn des? Sollen wir jetzt wieder rechnen?"

Isis: „Überlasst das Rechnen Enki und mir, das können wir am besten. Also, exakt in der Mitte allen Landes stellen Osiris und ich drei Berghäuser hin und richten die Schächte nach unserer Heimat aus! Wir nennen es Ägypten!"

Amma: „Ich nehm' das untere Stück und nenne es Afrika! Du, Dio Toro, du sturer Stierschädel, du könntest dich oberhalb von Ägypten breitmachen, da auf der anderen Seite vom mittleren Meer, passt dir das?"

Dio Toro nickt.

Thor: „Ich geh da rauf. Irre, da oben, irre. Den Teil da nenne ich Irrland oder so ähnlich.

Aphrodite: „Ich schlag östlich von Dio Toro auf, ungefähr da!"

Zeus: „Darf ich mit?"

Aphrodite: „Klar, kein Ding."

Huangdi: „Aton hat gesagt, ich dalf das glößte Stück haben. Ist euch das Lecht?"

Shiva: „Nö, des is ungerecht! Ich will den Zipfel da unten und nenne es Indien!"

Enki: „Ich brauch das Gold zwischen Indien und

Ägypten, da bau ich ab mit meiner Züchtung, die nenne ich übrigens Sumerer. Und wenn Jahwe aus dem Sabbatical kommt, kann er irgendwo bei mir in der Gegend dazustoßen!"

Aton: „Klingt toll, ihr! Mit Jesus hab' ich vorhin auch telepathiert, der kommt irgendwann später, wenn eure Zöglinge Trouble machen und sich wieder liebhaben sollen."

Manitu: „Ah super, dass einer den undankbaren Job übernimmt. Gut, jetzt bleiben noch das andere Doppelteil links und das kleine rechts. Das wär doch was für Ka-Ro-Ra! Austria könnte man es nennen oder vielleicht doch lieber Australien. Was meinst du?"

Ka-Ro-Ra: „Cool."

Manitu: „Gut, dann geh ich auf der anderen Seite der großen Pfütze rauf in den Norden, Inti in den Süden und die Mitte ist frei für Quetzalcoatl."

Ka-Ro-Ra: „So tun wir."

Inti und Quetzalcoatl nicken.

Quetzalcoatl: „Darf ich meine Trunksamen mitnehmen und da anbauen?"

Amaterasu: „Du meinst die dunkle Plörre? Meinetwegen, aber pass' auf, dass der Mensch nicht süchtig wird von deinem Xocolatl!"

Die Götter waren klug. Ohne Zank teilten sie das Land unter sich auf (was ihre Zöglinge in späterer Zukunft nicht immer schafften, im Gegenteil, und dann kam Jesus, aber das ist eine andere Geschichte). Der Blaue Planet wurde ohne Streit in einzelne Versuchslabore aufgeteilt. Sie bastelten an DNA-Strängen, zwickten hier was weg, hübschten dort auf, und bald hatten sie ihren Traumtypen geschaffen: den Homo sapiens sapiens – ganz nach ihrem Ebenbild.

Bro'siris und Patchwork

So in etwa könnte es gewesen sein. Die Götter Shiva und Osiris wurden blauhäutig abgebildet in den Darstellungen ihrer Zöglinge. Osiris kam, so behaupten die Ägypter, von einem Sternensystem aus dem Sternbild des Orion, genauer gesagt, aus der Gürtelzone. Isis' Heimatplanet umkreiste Sirius. Die beiden verstanden sich anscheinend so gut, dass sie Ägypten gemeinsam kultivierten, und das, obwohl ihre Heimaten viele Lichtjahre voneinander entfernt lagen. Falls sie wirklich Geschwister gewesen waren, hatten ihre Eltern sich möglicherweise getrennt und lebten auf unterschiedlichen Planeten.

Vielleicht haben die Ägypter ihre Schöpfer aber auch missverstanden, weil Isis den Osiris „Bruddi" nannte oder sie so geschwisterlich geteilt haben.

34

Bild gemeinfrei; Wikimedia Commons

Was trägt Isis da nur auf dem Kopf spazieren? Mich erinnert es an das astrologische Symbol des Stiers.

Amma kam von Sirius B und bevölkerte die Landmasse, die er Afrika nannte. Seine Lieblingsmenschen schuf er mit einem Teint von herrlich dunkler Hautfarbe, die im Licht des aufgehenden Mondes schimmerte wie eine nasse Perle.

Er brachte ihnen bei, wie sie metallene Gebilde basteln, mit denen sie die exakte Umlaufbahn von Sirius B zu Sirius A aufzeigen konnten. Soweit – so gut, doch nun zum absolut Unbegreiflichen: Sirius B wurde erst 1862 von Alvan Graham Clark entdeckt.

Warum die Dogon in Afrika schon Jahrtausende vor Mr. Clarks Geburt über Kenntnisse hinsichtlich des Doppelsternsystems Sirius A und Sirius B verfügten, machte Anthropologen, Archäologen und Astrophysiker völlig fertig. Da hatten sie jahrelang studiert und gefachsimpelt, und dann passiert so was.

Dampfschwinger mit
Gasmaske & Bulimie

Die Geschehnisse durch das Corona-Virus entfacht erneut die Diskussion über eine weitere These im Hinblick auf die Theorie der Prä-Astronautik. Sie beschreibt die Vermutung, Erreger als Auslöser für Pandemien könnten extraterrestrischen Ursprungs sein.

In seinem 1993 veröffentlichten über 500 Seiten umfassenden Werk *Die Götter von Eden – Eine neue Betrachtung der Menschheitsgeschichte* erläutert der Autor William Bramley neben vielen weiteren Themen im Zusammenhang mit der Prä-Astronautik die Möglichkeit, der Verlauf der Menschheitsgeschichte könnte durch den Einfluss außerirdischer Entitäten bestimmt sein. Teil seiner Formulierung befasst sich mit der Idee, Auslöser für Seuchen könnten nichtirdischen Ursprungs sein.

Nach heutigen Schätzungen kostete beispielsweise die Lungen- und Beulenpest innerhalb der ersten sieben Jahre nach ihrem Ausbruch 1346 rund einem Drittel der damaligen Bevölkerung das Leben. Allein in Europa starben etwa 25 Millionen Menschen an den Folgen des „Schwarzen Tods", der durch „Yersinia

36

pestis", einem temperaturabhängigen virulen-
ten Bakterium, ausgelöst wurde.

Die Schätzung der Todesopfer weltweit beläuft
sich auf 125 Millionen.

Bramley führt Beispiele an aus Schriften jener
Zeit, die er im Vorfeld der Niederschrift seines
Manuskripts durch mehrjährige Recherch-
earbeit zusammengetragen hatte: mittelalter-
liche Flugblätter, Tagebucheinträge, öffentliche
Verkündungen und Offnungen beschreiben die
Seuche als „für Jedermann mit eigenem Augen-
lichte erkennbar".

Als einleitendes Zeichen kurz vorm Ausbruch
der Lungen- und Beulenpest im jeweiligen
Landstrich wurden laut zahlreicher Quellen
dunkle übelriechende Schwaden gesichtet, die
durch die Straßen gezogen seien und „anders
beschaffen waren als Frühnebel auf den
Feldern".

An den betreffenden Stadtgrenzen wurden
zuvor riesenhafte dünne Wesen gesichtet, die
„in dunkle Gewänder verhüllt waren und
Fratzen auf dem Halse trugen anstelle von
Gesichtern", und die noch nie zuvor ein Mensch
gesehen hätte, so entstellt und furchterregend
hätten sie ausgesehen. Lange sensenartige
Gegenstände, die stinkenden Rauch ver-
breiteten, würden sie schwingen und damit
über die Felder streichen, geradewegs so, als
täten sie daran, die Ernte einzubringen und
alles niederzumähen, was sich ihnen in den
Weg stellte.

Dieses Bild erinnert an den Sensenmann, der in einer Kutte erscheint, aus der ein Totenkopf mit dunklen Augenhöhlen auf den Sterbenden hinabblickt. Es stellt sich die Frage, ob der Ursprung dieser Schreckensgestalt in der Zeit verheerender Seuchen zu finden ist.

„Der schwarze Tod" von Thomas Theodor Heine
Bild gemeinfrei; Quelle: Wikimedia Commons

„Die finsteren Vogelmänner" hätten „giftige Nebel" vor der Stadt verteilt, die sodann mit dem Wind weitergetragen worden waren, auf jeden Platz, in jede Gasse, in jeden Winkel. Was war mit ihren Gesichtern, „die noch nie zuvor ein Mensch gesehen hatte"? Wenn tatsächlich fremde Wesen giftige Schwaden verteilten, handelte es sich bei ihren Häuptern sicher nicht um Totenköpfe, sondern vielleicht um etwas, das den Menschen zu jener Zeit nicht bekannt war und in Form von falsch interpretierter Technologie als „Fratze" oder „Rabengesicht" beschrieben wurde.

Hinsichtlich dieser Beschreibungen stellt sich die Frage, ob die hochgewachsenen fremden Wesen vielleicht Gasmasken trugen. Die Ähnlichkeit zu Pesthauben aus dem 17. Jahrhundert ist verblüffend – vermutlich stellten diese einen Versuch der Bevölkerung dar, die schützende Kopfumhüllung nachzunähen.

Auf unzähligen Gemälden aus dem Zeitalter der Beulen- und Lungenpest und ebenso auf Werken zur justinianischen Pest ist das todbringende Wesen mit Vogelkopf und einem langen Schnabel abgebildet. Jemand, der noch nie zuvor eine Gasmaske gesehen hat, würde den Träger einer solchen möglicherweise exakt so nennen, wie diese Unheilsbringer betitelt wurden: Rabenmann oder Vogelmensch.

Weiterhin wird von einem „riesigen fliegenden

Schild" berichtet, aus dem dunkle Flocken auf die Erde herabrieseln. Etliche Kunstobjekte zeigen Himmelswesen, die Rauch und / oder dunkle Partikel aus undefinierbaren Gefäßen über Städte, Felder und Dörfer schütten – wie beispielsweise der Kupferstich von Gerard Audran aus dem 17. Jahrhundert.

Wir haben heute durch das Internet die Möglichkeit, mit nur einem Begriff ein ganzes Nachschlagewerk zu öffnen. Bei entsprechenden Suchwörtern findet man kaum ein Gemälde, das frei ist von dunklem Rauch oder undefinierbaren Himmelsgebilden.

Übereinstimmend werden in Chroniken jene „Giftwolken", die von den „Ungetümen" verteilt worden waren, nicht vermutet, sondern klar genannt als todbringende Verheißung und somit als Auslöser für die größte Pandemie im Verlauf der Menschheitsgeschichte – sowohl in Berichten aus Europa als auch aus Asien.

Matteo Villani verfasste eine Chronik über den „Schwarzen Tod" und fiel ihm im 14. Jahrhundert selbst zum Opfer. Er berichtete von Begegnungen mit Reisenden aus Asien, die Zeugen von „verseuchten Nebeln" geworden waren und schilderten, ungläubig und wie erstarrt hätten die Menschen ihrer Städte diesem Spuk beigewohnt und zugesehen, wie der dunkle Rauch durch die Straßen gezogen war.

William Bramley äußert sich hierzu: „Auch wir haben solche Waffen – wir nennen sie *biologische Kriegsführung.*"

Weiterhin werden metallene zigarrenförmige und runde Objekte am Himmel beschrieben sowie „fliegende Zylinder", die Dämpfe enthalten, die heraustreten.

Auf zahlreichen Gemälden wie beispielsweise „Die Verkündung" oder auf jahrhundertealten Kupferstichen verschiedener Künstler aus dem Mittelmeerraum sind Objekte abgebildet, die an Flugmaschinen erinnern – nicht selten mit Insassen.

Laut Bramley gab es damals nicht so viele Ratten, dass sie für derartige Ausbrüche zeitgleich auf mehreren Kontinenten der Auslöser hätten gewesen sein können – für ihn ein klares Indiz für die Intervention von Außerirdischen. Waren die Partikel, die auf zahlreichen Gemälden zu sehen sind, tatsächlich nicht von dieser Welt – und falls ja, aus was bestanden sie?

Wurde die Pest von Außerirdischen auf die Erde gebracht, die die Menschen dezimieren wollten – aus welchem Grund auch immer? Obwohl nicht alle Anhänger der Prä-Astronautik diese Ansicht teilen, kommen sie hinsichtlich der Hinterlassenschaften zu einer gemeinsamen Schlussfolgerung:

Noch vor Beginn der Geschichtsschreibung hat es Begegnungen zwischen Mensch und extraterrestrischen Besuchern von erdähnlichen Exoplaneten gegeben.

52 Erbsen für jeden Erdenbewohner

I'm a little pea
I love the sky and the trees
I'm a teeny tiny little ant
Checkin' out this and that ...
             (The Red Hot Chili Peppers)

Die Befürworter der Prä-Astronautik teilen eine Ansicht, für die sie – mit ein bisschen Pech – vor nicht allzu langer Zeit gefoltert und auf dem Scheiterhaufen verbrannt worden wären: Die Überzeugung, dass in den Weiten des Universums außer uns weitere intelligente Lebensformen existieren.

Das Ende der Inquisition ist im Erscheinungsjahr dieses Buches gerade einmal 187 Jahre her. Rund acht Jahrhunderte dauerte die Hölle auf Erden an, die von der Katholischen Kirche *abgesegnet* wurde.

Heutzutage verhalten sich Erdlinge, die nicht an extraterrestrisches Leben glauben, humaner.

Anhänger der Prä-Astronautik oder Ufo-Gläubige werden nicht mehr verfolgt, sondern oftmals nur noch belächelt. Zumindest dann, wenn sie aus „fortschrittlichen" Ländern kommen. Naturvölker wie die afrikanischen Dogon, die australischen Aborigenes, polynesische Kanaka Maoli oder Nomaden wie die Hopi-Indianer, für die „Götter, die vom Himmel herabstiegen" Realität und Teil ihrer Geschichte sind, werden im Vergleich zum westlichen Ufo-Gläubigen nicht als Spinner abgestempelt, und das ist gut so.

Allein in unserer Galaxie, der Milchstraße, existieren geschätzt 400 Milliarden Fixsterne. Unsere Sonne ist einer davon. Das ergibt rund 52 Mal so viele Sonnen wie die Anzahl der Menschen auf diesem Planeten. Um die gigantische Zahl von 400 Milliarden Fixsternen zu begreifen, könnte man sich jeden Menschen dieser Welt vorstellen, wie er 52 Erbsen in den Händen hält. Jede dieser Erbsen stünde für eine Sonne (= „Fixstern"; innerhalb eines Sonnensystems bildet er als Zentrum den fixen Punkt; seine Planeten umkreisen ihn).

Als ich 14 war, gab es für mich nichts, das mich so sehr in seinen Bann zog wie der Nachthimmel und die Vorstellung über die Geschichten, Entwicklungen und Schicksale, die dort draußen weit entfernt wohl passierten, von denen die Menschheit nichts wusste und vielleicht niemals erfahren würde.

In drei aufeinanderfolgenden Jahren hielt ich Referate mit den Titeln: „Unser Sonnensystem", „Unsere Galaxie", „Unser Weltall". Das „Uns" erschien mir mächtig und war absichtlich gewählt, weil ich keine Gleichgesinnten in der Klasse hatte und nicht verstand, wie man sich nicht für das größte aller Themen interessieren konnte, wo doch jeder von uns als Teil dieses unvorstellbaren Gebildes geboren wurde.

Ich verschlang alle Bücher darüber, die ich auf Flohmärkten oder in Büchereien entdecken konnte. Eines enthielt einen Vergleich von solcher Wucht, dass ich ihn hier festhalten möchte. Leider kann ich weder Buchtitel noch die Autoren wiedergeben, doch die Zahlen vergesse ich nie.

Ein Gedankenspiel:

Es wird vermutet, dass im gesamten Universum 10^{63} Galaxien bestehen. Um diese Zahl zu verdeutlichen, müsste man jedes Sandkörnchen auf der Erde zählen, dann käme man in etwa auf diese Zahl. Im Größenvergleich könnte man sich also das Weltall als Erdkugel vorstellen, und jedes Sandkörnchen stünde für eine Galaxie.

Nach der Drake-Gleichung ist *allein in unserer Galaxie* intelligentes Leben auf rund 4 Millionen Planeten möglich.

44

Die geschätzte Anzahl für weitere Galaxien in unserem Universum ist so hoch, dass sie in einer Potenz ausgedrückt werden muss: 10^{63}. Wenn allein in unserer Galaxie 4 *Millionen* Planeten in der habitablen Zone existieren, was für eine unvorstellbar hohe Anzahl an Exoplaneten gibt es dann erst in den unbegreiflichen Weiten des unerforschten Kosmos?

Richard B. Hoover, ein früherer Mitarbeiter des NASA Marshall Space Flight Center und Halter von elf US-Patenten, äußerste sich hinsichtlich weiterer intelligenter Lebensformen mit den Worten: „Die viel unglaublichere These ist die, dass wir im gesamten Kosmos allein sind."

Vor rund einem halben Jahrhundert machte der Mensch sich auf den Weg zu seinem Trabanten, dem Mond, und verließ damit seinen Heimatplaneten. Es ist anzunehmen, dass außerirdische Spezies dies auch schafften, und warum nicht viel früher als der Mensch? Zu denken, der Homo sapiens sapiens sei die Krone der Schöpfung, mutet hinsichtlich der unbegreiflichen Weite des Alls größenwahnsinnig an. Zahlreiche Forscher sind davon überzeugt: Der Mensch ist Teil der Krone; ein hübscher Edelstein von vielen, doch gewiss nicht der einzige.

Der Stierkopf will nach Mumbai

Dio Toro liebte das Mittelmeer und die An-
rainer. Ob Isis Dio Toro liebte, ist weiterhin ein
Rätsel. Ihr Scheibenantennengeweih, mit dem
sie gern am Nilufer oder durch ihre Barke fla-
nierte, hatte jedenfalls die Form seines Kopfes.
Auch der heilige Stier Apis trug die Haube, und
warum nun er wiederum den griechischen Namen der lateinischen Biene trägt, kann gern an
die Autorin dieser Zeilen herangetragen werden.
In der Homöopathie kommt die Imme im Ganzen ganz unvegan und hochverdünnt zum Ein-
satz: bei Bienenstichen nach dem Ähnlichkeits-
prinzip *simila similibus curentur* von Samuel
Hahnemann, bei Stichen anderer Insekten, zur
Wundheilung, gegen Allergien, Schwellungen
und einigen anderen Beschwerden. Vermutlich
schweife ich ab, doch wenn Dio Toro irgendwann mit seinem Himmelswagen als Tourist
wieder aufkreuzt, und wir treffen uns zufällig
auf Sardinien in einem Nuraghendorf unter
oder auf einem Dolmen, frage ich ihn – aber
nur, wenn er nicht in allzugroßer Eile ist.
Auf Sardinien ließ er einen gewaltigen Brunnen
errichten, von dessen Eingang aus 18 Stufen
zum Wasser hinabführen. Alle 18,6 Jahre, nach
Vollendung eines Mondzyklus, trifft das Licht

des Supermonds in einer Pfeilgeraden in perfektem 90°-Winkel auf die Wasseroberfläche.

Für Dio Toro ein Leichtes. Auf seinem Planeten hatte man Brunnenbau mit astronomischen Sahnehäubchen schon lange etabliert, kein Problem also für ihn, den gigantischen Bohrkern schön gleichmäßig in eleganter Perfektion und ohne Bearbeitungsspuren aus dem steinigen Boden rauszukriegen.

Wissenschaftler sind ratlos. Übermüdet raufen sie sich die Haare und fragen sich:

„Wie haben die in der Bronzezeit dieses hochkomplizierte und doch perfekt vollendete Bauwerk von Santa Christina bloß so hingekriegt mit ihren einfachen Werkzeugen? Das ist ja genauso unfassbar wie Stonehenge! Völlig unmöglich! Und den gleichen Brunnen gibt es 7.000 km weiter im indischen Badlapur bei Mumbai! Wie geht das? Die können doch nie und nimmer so weit gereist sein! Das ist wirklich unbegreiflich, absolut unerklärlich. Es tut uns leid, aber auch hier stehen wir vor einem Rätsel!"

Zugegeben, das klingt schon unglaublich. Forscher haben mit Ungereimtheiten zu kämpfen, die sicher schon einigen unter ihnen schlaflose Nächte bereiteten.

Plausibel dagegen wird es, wenn wir die Existenz von prähistorischen erdfernen Besuchern einräumen, die uns in technischer Hinsicht voraus waren und ihren Wissensschatz auf die Erde brachten – vielleicht mittels diverser

Praktiken wie gerichteter Panspermie und Terraforming.

Den neugezüchteten Hominiden zeigten sie ihre Technik, und gierig sogen die wissbegierigen Erdlinge das Wissen in sich auf nach dem gentechnischen Re-Boot durch ihre Schöpfer.

Welchen Kult Gegner der Prä-Astronautik hier
deuten, entzieht sich meiner Kenntnis.
Meine Weltraumaugen sehen das emsige
Kerlchen auf den Maya-Codices technisch
bestens ausgestattet.

*Quelle: aus dem Fotoarchiv von
Erich von Däniken*

Alien mit Burnout & Jetlag
nach Wurmlochtrips

Thor trug stets seinen Mjölnir bei sich, die „leuchtende Blitzwaffe", später *Hammer* genannt.

Huangdi ernannte sich gleich selbst zum Anführer und ersten Kaiser, und weil er die Sonne verehrte und seine Haut sonnengleich schien, ging er als „Gelber Kaiser" in die Geschichte ein. Seinen beachtlichen Wissensschatz über medizinische Prinzipien ließ er die Klügsten seiner Geschöpfe niederschreiben und etablierte die Traditionelle Chinesische Medizin, kurz TCM.

Enki kam von Nibiru, ein Planet, den man sogar über 2000 Jahre nach Jesu Wirken noch nicht entdeckt hatte, weil die Dauer seiner Umlaufbahn rund 3600 Jahre betrug und er seither noch nicht wieder vorbeigekommen war. Tief draußen schlingerte er weit hinter Pluto, als Zecharia Sitchin die sumerischen Tontafeln übersetzte und von Nibiru erfuhr. Für niemanden war der Planet zu sehen, der just in jenem Moment kurz nach der Umkehr am Ende seiner sonnenfernen Ellipsenkurve immer noch das härteste Stadium seines langen Winters durchflog.

Herr Sitchin wurde ausgelacht für seine These, obgleich sie auf den Keilschrifttafeln doch nachzulesen war: Gold war knapp geworden auf Nibiru, und so brachte Enki seinen Leuten allerhand Nützliches bei, beriet sie weise, und als Dankeschön förderten sie das wertvollste aller Edelmetalle. Die Sumerer verehrten ihren hochgewachsenen Gott mit dem Langschädel und der Armbanduhr, mit der sie ihn auf Fresken abbildeten. Auch seinen tosenden Feuerthron mit dem Kuppeldach machten sie gern zum Objekt ihrer verewigenden Kunst.

Auf jedem Erdteil brachten die Götter ihren Völkern Wissen nahe, das ihr Leben vereinfachte: Ackerbau, Pflanzen- und Viehzucht, Gemeinwesen, Naturwissenschaften, Medizin. Mit den Künsten wurde es verschönert, auch die durften nicht fehlen.

Der Mensch feierte seine Götter frenetisch. Er verehrte sie, verrichtete für sie die Arbeit und merkte, dass ihm wiederum Vorzüge dadurch zuteil wurden. Die metallenen Gerätschaften der Götter und ihre seltsamen Anzüge beeindruckten ihn zutiefst. Technik verstand er nicht im Ansatz, das alles musste schlicht Zauberei gewesen sein.

Jene Zeitzeugen übernahmen die Wörter der Götter, somit entstanden Wortstämme, die

50

weltweit zu finden sind. Ein Beispiel dafür: Drache, Dragon, Drakon, Dag, Dagdar, Draco …

Warum *Hund* hingegen im Englischen *Dog* heißt, ist bis heute ein ungelöstes Rätsel. Sprachwissenschaftler sind sozusagen sprach-*los*. Wie kamen die Insulaner nur auf die Idee, den Hund mit dem Drachenwort zu betiteln? Entweder hatte Merlin da was falsch verstanden oder unzulänglich erklärt. Vielleicht war es einfach nur ein Scherz. Falls ja, so dürfen wir annehmen, dass manche Götter sogar das haben, was so manchem Erdling fehlt: eine Prise Humor.

Eine der mündlichen Überlieferungen des afrikanischen Dogon-Stammes besagt, ihr Gott habe sich nach seinem Herabsteigen vom Firmament mit dem Namen *Amma* vorgestellt und auf seinen metallenen *Donner*vogel gezeigt, den er als *Dogo* bezeichnete. Dessen Wortstamm fließt in die Bezeichnung des Volkes ein.

Man stelle sich die Szene seiner Ankunft vor, wie er nach langem Flug, vermutlich mit Wurmloch-Jetlag, durstig und hungrig aus seinem Himmelsschiff stolpert, vielleicht blass, müde und kurz vorm Burnout, Haltung annimmt und stammelt: „Gestatten, die Herrschaften, der Flieger da heißt bei uns *Dogo*, und ich bin Amma!"

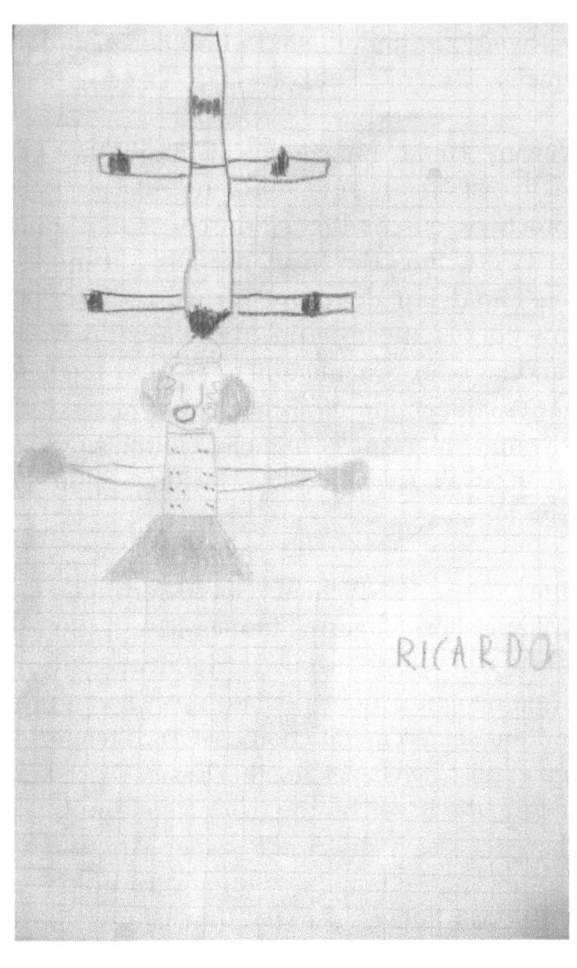

Die Geschichte über Amma gefiel Ricardo* so
gut, dass er mich bat, ich solle „Google
aufmachen" und ihm ein Foto der Menschen
zeigen, die der „Dogopilot" besuchte. Seinen
Favoriten malte Ricardo ab.

← Es zeigt ein Mitglied der Dogon auf Stelzen in ritueller Verkleidung beim Stammestanz, der den Besuch aus dem All in Aussehen und Bewegungsrhythmik nachstellt.

(*Ricardo ist ein Freund von Anni; sie ist das Mädchen aus dem Prolog, das von den „Freudenregenausgießern" erzählt.)

Zurück zum Drachen: Wie kann weltweit das gleiche Wesen in Sagen und Legenden, in Höhlenmalereien, auf Fresken, als Statue oder in jeder anderen erdenklichen Form von Kunst auftauchen und sogar der Wortstamm identisch sein, wenn doch diese Völker auf verschiedenen Kontinenten lebten und keine Kommunikation untereinander pflegen konnten?
Nach archäologischer Lehrmeinung: Reiner Zufall.

Mein Verständnis für Logik lässt sich mit der „Zufall-These" schlecht vereinbaren. Wenn sich weltweit bei allen Völkern der gleiche Wortstamm für einen Gegenstand oder ein Wesen etablierte, so sehe ich zwei Möglichkeiten: Entweder hatten sie gleiche Lehrmeister, oder Vertreter dieser Urvölker hatten eben doch Kontakt miteinander, weil die außerirdischen Betreuer ihre Schützlinge gelegentlich mitkommen ließen auf ihren interkontinentalen Shuttleflügen.

Die indigenen Kayapos flechten aus Stroh ihren
Gott „Bep Kororoti", der laut Aussagen der
Stammesmitglieder von den Sternen kam und
so aussah. Kritiker sehen hierbei einen kürzlich
entstandenen Kult, der durch Bilder von
heutigen Astronauten geprägt ist. Eine
Zeichnung, die der Ethnologe Karl von den
Steinen im Jahre 1884 anfertigte, sowie seine
Beschreibung des Strohanzuges widerlegen die
Behauptung hinsichtlich des neuzeitlichen
Einflusses. Erich von Däniken berichtete
erstmals 1972 vom Tanz der Kayapó-Indianer in
seinem Buch *Aussaat und Kosmos*.

*Quelle: aus dem Fotoarchiv von
Erich von Däniken*

Ein Teppich dreht durch

Von einer Reise, die das Phänomen des frühzeitlichen Shuttlefluges köstlich beschreibt, wird im Gilgamesch-Epos erzählt. Weitere Beispiele: die *nächtliche Himmelsfahrt* des Propheten Mohammed mit Erzengel Gabriel (Sure 17,1) von der Kaaba in Mekka zu einer weiteren „fernen Kultstätte", die Reise nach Jerusalem „auf dem wundersamen Reittier Buraq" (nachzulesen in Teilen der Historiographie wie dem *Hadith* und den *Qisas al-anbiya*) oder auch in der apokryphen Erzählung aus den *Qumranschriftrollen* über die Himmelfahrt des Henoch.

Geschichten von „feuerspeienden Drachen aus Metall mit Rauch ausstoßenden Nüstern, die mit Donnergrollen, Blitzen und Stürmen auf die Erde hinabsteigen" wurden weltweit überliefert. Ich meine, sie können nicht frei erfunden sein. Offensichtlich handelt es sich hierbei um die Beschreibung der Ankunft eines Raumschiffs.

Dieses Wort existierte im Sprachgebrauch der Urvölker nicht – und ebensowenig ein technisches Verständnis dafür. Sie beschrieben das Gesehene mit Worten, die ihnen geläufig waren; so entstanden Wortneuschöpfungen wie *Donnervogel, Himmelspalast* oder *Wolkenschiff*; später auch *Fliegender Teppich*.

Der Mensch unserer Zeit kann mit dem Bild des fliegenden Teppichs nichts anfangen. Er weiß: Heimtextilien heben nicht ab und tragen weder einen erwachsenen Mann noch irgendwelche Erzengel von Mekka nach Jerusalem und zurück. Diese und andere Geschichten werden zum Mythos erklärt, weil sie nicht zu unserem heutigen Verständnis passen.

Wie wäre es, diese und unzählige Überlieferungen mit „Weltraumaugen" zu betrachten? Im Fall von Mohammeds Flug könnte der wahre Kern der Legende so aussehen: Ein Kosmonaut eines fremden Planeten, der im Auftrag seiner Regierung als Abgesandter einer Forschungsgruppe ein Projekt übernimmt und betreut, wählt einen Menschen mit besonderen Fähigkeiten, sei es Intelligenz (Erfassen von Zusammenhängen als Basis), Charisma (der Prophet bekommt den Auftrag, das erworbene Wissen weiterzugeben), soziale Kompetenz (er soll als Vermittler agieren), Organisationstalent (Planung und Durchführung von Begegnungen verschiedener Bevölkerungsschichten).
Mit dem Auserwählten stehen der Astronaut und seine Crew über Jahre in Kontakt. Gelegentlich lädt das extraterrestrische Forschungsteam den menschlichen Vermittler in sein Flugobjekt ein, möglicherweise kreisrund mit einer Glaskuppel versehen. Diese für den damaligen Menschen ohne jegliches technische

Verständnis völlig unfassbare Situation ist: *...unglaublich! Schlicht nicht zu beschreiben, unfassbar! Hierbei muss es sich um Zauberei handeln! Das ist nicht von dieser Welt!*

Wie wahr! Somit kann es nicht diesseitig sein. Es ist jenseitig => folglich: göttlich.

Das Starten des Flugobjektes wird bestaunt, kurz darauf kommt der Prophet zurück; er berichtet über das, was auf seinem Flug geschah, über den Zielort, über den Rückweg. Die Geschichte ist superb, phantastisch, *göttlich*!

Von Generation zu Generation wird sie weitergegeben. Dieses „Etwas", das die Insassen emporsteigen und von dannen ziehen ließ, wird mit eigenen Worten des jeweiligen Erzählers beschrieben. So könnte sich im Laufe der Zeit ein *fliegender Teppich* als märchenhafte Beschreibung etabliert haben.

In Henochs Fall, dessen Flug in der 1. Person Singular in den Schriftrollen vom Toten Meer festgehalten wurde und wie ein Tagebucheintrag anmutet, wird offenbar die Fahrt in einem Raumschiff beschrieben. Das Aussehen der Erde vom Weltraum aus wird exakt wiedergegeben. In die Bibel hat das Buch Henoch es leider nicht geschafft, wohl aufgrund seiner Brisanz und / oder Klarheit. Hier erhält das Flugobjekt die Bezeichnung „feuriger Wagen", mit dem Henoch in den Himmel entrückte.

Step by step

Zurück zum Vorgehen der „Götter", als sie unsere Erde entdeckten – wie könnte das Projekt aufgeteilt gewesen sein? Vielleicht so:

1. Einleitende Phase
- Entnahme von Proben
- Prüfung chemischer Zusammensetzungen
- Sammlung und Analyse von Genmaterial
- katalogisieren (das war ein Scherz – wer zwischen Planeten reist, hat längst auf papierlos umgestellt)
- Durchführung diverser Versuche in Form von Genmanipulation

2. Formulieren eines Forschungsziels
3. Planung
4. Durchführung
5. Optimierung

Der letzte Punkt bringt uns wieder zur Frage zurück, wie diese Optimierung in Form eines Hybridisierungsprogramms aussehen könnte.

2. PROSA!

Prof. Dr. Mustermann auf Exoplaneten

Zu Punkt 2 der vorangegangenen Übersicht: Welches Ziel würde der Mensch formulieren, wenn er eines Tages einen Planeten entdeckt, auf dem Leben von geringerem technischen Fortschritt existiert?
Man kann nur hoffen, dass er ansässigen Völkern mit mehr Respekt begegnen würde im Vergleich zu früheren Konquistadoren bei ihrer Ankunft in der Neuen Welt.

Auf was würden menschliche Neuankömmlinge sich zunächst konzentrieren? Auf die Suche nach Bodenschätzen und die Frage, ob deren Abbau lukrativ wäre? Genmanipulationen an der Bevölkerung? Auslöschung der bestehenden Flora und Fauna mit anschließender Neubepflanzung und Neubesiedelung?
Klingt das verrückt? Vielleicht. Ein Gärtner tut Letzteres jedenfalls in vergleichbarer Form, wenn er seinen Garten umgräbt.

(Eine kurze Anmerkung: Eine weitere interessante These einiger Anhänger der Prä-Astronautik ist die, dass das Aussterben der Dinosaurier durch einen herbeigeführten Kataklysmus ausgelöst wurde, um einen Neubeginn mittels gezielter Panspermie in die Wege zu leiten.)

Wie der Mensch sich als Entdecker eines fernen Planeten verhalten würde, steht *in den Sternen*.

Im Hinblick auf die Grauen, zu denen er als Kolonialherr auf seinem eigenen Planeten in allen Teilen des Globus gegenüber schwächeren Mitmenschen (*Mit*-Menschen!) über die Jahrhunderte hinweg fähig war, bleibt nur zu hoffen, dass er sich *benehmen* würde.

Wie des Menschen Pläne auf einem Exoplaneten auch definiert wären – eines würde gewiss von Beginn an zu jedem Zeitpunkt des Experiments im Fokus stehen: Optimierung des „Produkts" (man möge mir diese prosaische Betitelung bitte verzeihen).

Würde eine extraterrestrische uns überlegene Spezies dies ebenso anstreben, und falls ja, wie sähe dieses Optimierungsprogramm aus?

Möglicherweise würden Etappenziele formuliert wie: Genmanipulation zum Erreichen von Anpassung, artenselektierende „Ausdünnung", Immunisierung, Stärkung – sowie die Dezimierung(en) zu(m) bedarfsgerechten Zeitpunkt(en).

Ob und in welchem Ausmaß Ausdünnung möglich ist, zählt (noch?) nicht zu den öffentlichen Themen der heutigen Genforschung, da unsere Ethik dies verbietet. Dass hingegen eine biologische Waffe Dezimierung bewirkt, ist unbestritten. Ist dies jedoch mittels eines hochansteckenden Erregers möglich, der eine Pandemie auslöst, bei der nur stabile Exemplare überleben sollen?

Wenn extraterrestrische Intelligenzen sämtliche hominide Arten beseitigten und die DNA des ihrer Auffassung nach am meisten geeigneten Hominiden abänderten, schufen sie sich somit ihr „Traum-Modell" – vielleicht nach ihrem Ebenbild? Brachten sie ihr eigenes Erbgut mit ein? Falls ja, wäre das Produkt teils terrestrisch, teils extraterrestrisch – und der Homo sapiens sapiens ein Hybrid.

Die Erklärungen der Kritiker von Paläo-SETI, warum nur der heutige „moderne" Mensch auf unserem Planeten überlebte, sind nicht zufriedenstellend, denn es bleiben zu viele Fragen unbeantwortet. Zahlreiche Wissenschaftler sprechen offen darüber, der Entstehungsverlauf der „Menschwerdung" hinsichtlich plötzlicher und unerklärlich rasanter Veränderungen der menschlichen DNA würde sich nicht mit der heute weitgehend akzeptierten Evolutionstheorie und der Idee der natürlichen Auslese decken. Es sei kaum vorstellbar, dass der Homo sapiens sapiens ohne den Eingriff versierter Entitäten als Vorzeigemodell hervorging und alle übrigen Menschenarten hinter sich ließ. Dafür hatte er nicht genug Zeit. Um von der Ausgangssituation zum heutigen Stand zu kommen, reicht die Dauer der menschlichen Entwicklungsgeschichte nicht aus.

Es muss einen Eingriff von außen gegeben haben.

Herr Kleinlich und Frau Schön

Herr Kleinlich züchtet Möpse.

Seine Nachbarin, Frau Schön, fragte neulich: „Herr Kleinlich, wie sieht er eigentlich aus, der perfekte Mops?"

Herr Kleinlich: „Gewicht und Größe müssen stimmen, die Nase muss platt sein, das Röcheln hörbar und er darf nicht kläffen."

Frau Schön: „Aber er muss doch kläffen dürfen!"

Herr Kleinlich: „Nein, ein Mops kläfft nicht, er bellt auch nicht. Es ist mehr ein *Möff*, Frau Schön. *Möffmöff* macht der Mops."

Frau Schön murmelte was von *Essen im Herd* und verabschiedete sich. Das Gespräch mit Herrn Kleinlich war für ihren Geschmack einen Hauch zu zügig entglitten, aber der Gedanke an den perfekten Mops beschäftigte sie noch eine Weile.

Wie sieht er wohl aus, der perfekte Mops? Und: Wie sieht der perfekte Mensch aus?

Abends beim Abschminken fiel ihr Blick auf ihr mit Sommersprossen übersätes Gesicht, und noch einmal fragte sich Frau Schön: „Wie sieht er eigentlich aus, der perfekte Mensch?

Das wird mir jetzt echt zuviel!

Wie sieht er aus? In diesem Punkt hatten die Götter erfreulicherweise verschiedene Geschmäcker. Viele Rassen schufen sie, das haben sie ganz wunderbar gemacht. Vielleicht haben sie sich zugeprostet, getanzt und geschunkelt am Bergfest ihres Schöpfungsprojekts und ein Kinderlied angestimmt:

♪ *Die Welt ist nicht nur rund, sie ist auch bunt!* ♫

Wenn die Götter den Menschen nach ihrem Ebenbild erschaffen haben (Anmerkung: In der Genesis steht hier wirklich der Plural. Lasst *uns* den Menschen nach *unserem* Ebenbild machen! Gibt das nicht zu denken?), waren sie möglicherweise nicht immer zufrieden mit ihrem Produkt.

Ihr Zögling ist immer noch nicht in der Lage, den Planeten, auf dem er leben darf, zu achten und auf ihn aufzupassen, ganz im Gegenteil. Die Menschheit steuert auf eine globale Katastrophe zu:

Bereits 2050 werden geschätzt 10 Milliarden Menschen auf der Erde leben – eine enorme Last für die blaue Schönheit. Viele Ressourcen werden erschöpft sein.

Einige Virologen sind der Ansicht, Auslöser für derartig verheerende Pandemien wie die Pest oder COVID-19 können nicht auf natürlichem Wege entstehen – die weiterführende Diskussion, ob das Coronavirus auf irdischem oder außerirdischem Terrain entstanden ist, sei berechtigt.

Im Jahre des Ausbruchs der Pest 1346 gab es auf Erden noch keine hochtechnisierten Versuchslabore. Intelligente Lebensformen, die der Entstehungszeit der „Menschwerdung" Jahrtausende oder Jahrmillionen voraus waren, experimentierten möglicherweise mit biologischen Waffen, who knows?

Seit der Entdeckung des ersten Exoplaneten Kepler-452b im Jahre 2015 wurden über 4.000 weitere Planeten entdeckt, auf dem intelligentes Leben möglich ist, und stetig kommen Neusichtungen hinzu. Wenn wir uns vor Augen halten, welchen winzig kleinen Bruchteil unsere

Teleskope im Vergleich zur verbleibenden schier unendlichen Weite des Alls erst erforscht haben, ist davon auszugehen, dass fortschrittlichere Zivilisationen vor vielen Tausend oder Millionen Jahren das gleiche getan haben.

Zurück zum Forschungsdrang des Menschen: Angenommen, ein Exoplanet würde gesichtet, auf dem bereits Leben existiert: Was wäre das Ansinnen der Entdecker? Vermutlich Forschungsdrang und Experimente. Der Mensch als Entdecker anderer Planeten würde sich zunächst ggf. für Flora und Fauna interessieren. Vielleicht würde er an Lebewesen, die er für die intelligentesten auf dem neu entdeckten Planeten hält, genetische Veränderungen durchführen, um die Entwicklung dieser Spezies voranzubringen. Die Optimierung des Ergebnisses stünde im Fokus. Unsere Fortschritte in der Gentechnik könnten fernab unseres Heimatplaneten getestet werden.

Doch halt: Projekte verlaufen selten ab dem ersten Schritt bis zu ihrer Vollendung fehlerfrei. Was würden wir tun, wenn unser geschaffenes Produkt erdferner Entstehungsversuche eine Richtung einschlägt, die in unserem Plan nicht angedacht war? Bei einer in unserer Definition möglichen „Missbildung" würden wir eine Anpassung vornehmen, Korrekturen durchführen und weiterzüchten mit dem Ziel, das Ergebnis nach unserer Vorstellung zu gestalten.

Was würden wir tun, wenn das Experiment außer Kontrolle gerät und die Bevölkerungsdichte schneller ansteigt als geplant? Auf diese Frage gibt es nur eine logische Antwort: Wir würden dezimieren.

Würde der Mensch über seinem Versuchsplaneten, seiner gigantisch großen „Petrischale", seines fernen und so wertvollen planetaren Labors, Bomben abwerfen? Würde er seine mächtigsten Waffen auf diesem goldenen Forschungsschatz einsetzen, der ihm so viele Möglichkeiten bietet?

Gewiss würde er nicht einen Teil, den er aufgebaut hat, vernichten. Das Vorgehen des Menschen in einem solchen Fall wäre ein anderes – vielleicht mittels einer biologischen Waffe.

Wie würde der Mensch bei ihrer Auswahl agieren?

Ein Denkmodell: Die biologische Waffe zur Dezimierung der entarteten Spezies müsste effektiv genug sein, um einen Teil der Exemplare zu beseitigen. Die kräftigen Wesen der Aufzucht sollen überleben, die körperlich Schwachen oder seelisch Labilen müssten ihr Leben lassen (der Vermerk „zum Wohle der Allgemeinheit" stünde vermutlich im Protokoll). Ein hoch ansteckender und durch Tröpfcheninfektion übertragbarer Erreger, der diese Kettenreaktion auslöst, wird gewählt. Die körperliche Allgemein-

66

verfassung der Überlebenden wird durch den Effekt der Immunisierung gestärkt: Ein perfektes Werkzeug für ein globales Auswahlverfahren.

Dies ist eine Möglichkeit, in einer Petrischale, die einen gesamten Planeten umfasst, neue Bedingungen einzuleiten. Andere Lebensformen bleiben unberührt, somit ist sie sanft und dennoch effektiv.

Neulich saß ich mit meinem guten Freund Ludwig unter Wahrung des Sicherheitsabstands auf der Terrasse bei einer kühlen Bananenweizenhalbe.

Ludwig wollte es wissen: „Pest, Corona und andere Pandemien wurden von außerirdischen Intelligenzen auf die Erde gebracht zur Dezimierung der Gesamtbevölkerung und zur Stärkung der Überlebenden? Bist du felsenfest davon überzeugt?"

„Nein", antwortete ich.

„Bist du vom Gegenteil überzeugt?"

„Nein."

„Das heißt, du hältst diese These für möglich, richtig?"

„Richtig."

Ludwig nahm einen kräftigen Schluck aus dem Stutzenglas."Wer weiß", sinnierte er, „vielleicht wurde der Mensch seinen Schöpfern einfach zuviel – oder zu blöd!"

Die Weltraumbrille

Prä-Astronautik wird leider immer noch als Pseudo-Wissenschaft bezeichnet. Warum, ist mir – wie auch Erich von Däniken und vielen anderen – nicht schlüssig. Wenn doch eine beachtliche Anzahl von Wissenschaftlern die Idee begrüßt, warum fließen nicht in gleichem Maße finanzielle Mittel in deren Forschung wie in die der „herkömmlichen" Archäologie? Letztere ist – zumindest in unserer westlichen Welt – richtungsweisend, obwohl ihr Repertoire der ungeklärten Fälle weitaus umfangreicher ist als das der Prä-Astronautiker, die Hinweise in altertümlicher und prähistorischer Kunst, mündlichen Überlieferungen und alten Schriften nicht mystifiziert verstehen, sondern größtenteils wörtlich.

Alte Überlieferungen bieten eine schier unerschöpfliche Informationsquelle, wie anhand der über 4 Millionen Texte der vedischen Schriften deutlich wird. Weitere Beispiele für den unermesslichen Wissensschatz sind die Apokryphen, der Koran, der Talmud, die Bibel, die Schriftrollen vom Toten Meer, das Gilgamesch-Epos, detailgenaue Abbildungen in ägyptischen Darstellungen, die Seekarte des Piri Reis, die gewaltigen Hinterlassenschaften der Maya, Orte wie Angkor Wat, Puma Punku, Nazca, das Gizeh-Plateau, die Nekropole Sakkara und noch

68

so viele mehr. Sie stellen Vertreter der westlichen, „modernen" Weltanschauung vor Tausende Fragen und Rätsel.

Ein Verfechter der Prä-Astronautik kann aufatmen. Vieles ist schlüssig, offensichtlich, einleuchtend, wenn man Hinterlassenschaften aus der Vorzeit mit „Weltraumaugen" sieht – und nicht zu vergessen: Es ist ungemein spannend!

Wer religiöse Schriften langweilig findet, dem sei empfohlen, eine einzige Stunde Zeit zu widmen und zu versuchen, ein Exemplar (suchen Sie sich eines aus: das Mahabharata, das Popol Vuh, den Koran, die Bibel, die Apokryphen, das Ramayana, den Talmud, den Pali-Kanon, …) zur Hand zu nehmen.

Die Protagonisten tauschen Sie vor Ihrem geistigen Auge aus: Streichen Sie ätherische und jenseitige Engelwesen oder übernatürliches Wirken. Es klingt blasphemisch, dennoch empfehle ich dieses Experiment: Ersetzen Sie die Worte „Engel", „Himmelsbote" und dergleichen durch Ihren Favoriten; hier eine Auswahl: Außerirdischer, Extraterrestrischer oder auch die abgekürzte Variante E.T., Alien, nichtirdischer Astronaut, abgesandter Kosmonaut – oder kreieren Sie Ihre Wortneuschöpfung.

Vorm nächsten Absatz schnaufen Sie bitte noch einmal tief durch. Vorab sei gesagt: Ich bin ein gläubiger Mensch, doch ich meine, Gott und seine Engel stecken woanders und nicht in einem *Himmelswagen* oder *Palast in den Wolken*. Mein Gott braucht kein Fortbewegungsmittel.

Fertig? Dann brauchen Sie noch einen Titel für den Boss – den Ansager und Häuptling. Richtig, ich sage es nicht gern, doch der Vollständigkeit halber: Bei diesem Gedankenspiel ist ein anderes Wort für „Gott" vonnöten.

Wie soll er genannt werden? Hier eine Auswahl: Chefpilot, Commander, der Höchste, der Oberste.

Viel Spaß beim Schmökern. Ihre Vorgabe soll zunächst eine Stunde betragen – eine Bibelstunde (oder ein anderes Epos nach Wahl) inklusive Wortaustausch. Sie werden sehen: Es wird spannend, und ich garantiere: Nach einer Stunde werden Sie das Buch nicht schon wieder weglegen wollen.

Quelle: *Wikimedia Commons*
Giovanni Battista Tiepolo: Cima da Conegliano

Anmerkung der Autorin: Der CinC (Commander-in-Chief) mit beleuchtetem Helm sieht eigentlich ganz gütig aus, oder?

Platon, ein straighter Typ

Platon (427 – 348 v. Chr.) war ein Schüler des Sokrates. Die Diskussion mit seinem Lehrmeister sowie Timaios, Hermokrates und Kritias über Atlantis, die er niederschrieb, wird heute als sinnbildlich zu verstehende Beschreibung einer perfekten Gesellschaft gedeutet.

Liest man die Texte tatsächlich nur zwischen den Zeilen mit Fokussierung auf umschriebene mysthische Andeutungen und Eventualitäten, was er wie denn gemeint haben könnte, und wie vielleicht das punktierende Direkte denn wiederum im übertragenen Sinne gedeutet hätte sein können ... Konjunktiv über Konjunktiv! Wer hält das ernsthaft länger aus?

Platon war weder Mystiker noch Poet. Seine Gedanken formulierte er knapp, prosaisch, leicht verständlich. Heute würden wir ihn vielleicht als *straighten Typen* bezeichnen.

Beispiele seiner direkten Ausdrucksweise:

- *Die Gewohnheit ist keine Kleinigkeit.*

- *Die Sinneslust ist ein gewaltiger Köder.*

- *Das Leben ist eine kurze Verbannung.*

- *Schönheit ist ästhetisch, praktisch und nützlich.*

- *Wenn das Recht regiert, sind Waffen überflüssig.*

Straighter geht es kaum. Es sieht nicht danach aus, als würde Platon bei einem Dialog mit seinen Freunden eine Ausnahme machen.

Sein Text beschreibt eine Zivilisation, die „jenseits der Säulen des Herakles" beheimatet war. Nach heutiger Lehrmeinung stehen die „Säulen" für die äußeren Berge an der Meerenge von Gibraltar und den Ausläufern des Atlasgebirges in Marokko. Diese Beschreibung über die Lage von Atlanti<u>s</u> verweist auf ein Gebiet im Atlanti<u>k</u>. Es wäre vielleicht nicht allzu abwegig, den Meeresgrund dort genauer zu untersuchen. Es muss nicht der gesamte Ozean abgetaucht werden, denn Platon nennt sogar die Entfernung zur nächsten Küste in östlicher Richtung.

Es folgt die *außerordentlich* freie Zusammenfassung dreier Teilstücke ohne Anspruch auf unumstößliche Deutung (Platonversteher werden sie nicht mögen, und Leser, die Platon endlich verstehen wollen, fangen – wer weiß? – vielleicht Feuer und lesen das Original respektive eine Übersetzung).

Viel Spaß wünsche ich!

72

Timaios: Damit wir in Zukunft über die Entstehung der Götter die Wahrheit reden, haben wir Gott angerufen und um Rat gebeten. Jetzt soll Kritias sich drum kümmern.

Kritias: Klar, ich übernehme. Ganz wohl ist mir allerdings nicht dabei – eine brisante Sache ist das, denn wenn man etwas Großes beschreiben möchte, werden die Worte oft nicht dessen Besonderheit gerecht.

Sokrates: Mach dich locker. Rede so, wie dir der Schnabel gewachsen ist, und für Hermokrates gilt dasselbe im Anschluss.

Hermokrates: Voll gut.

Kritias: Ruf Mnemosyne an, die hat hier das Sagen und kennt sich aus. Der Krieg mit Atlantis ist ja schon eine halbe Ewigkeit her. Mittlerweile ist der Kontinent mit Schlamm bedeckt. Muss wohl ein Erdbeben gewesen sein. Schiffe kommen da nicht mehr durch, alles voller Schlick.

Zu Beginn haben die Außerirdischen das Land weltweit ohne Streit unter sich aufgeteilt und ihre Menschengeschöpfe *behütet wie der Hirte seine Herde*.* Dann kamen andere Außerweltliche hinzu und krallten sich die übrigen Gebiete.

Athene und Hephaistos leisteten gute Arbeit. Sie mochten Wissenschaft, Kunst und eine funktionierende Staatsverfassung *und pflanzten wohlgeartete Männer als Eingeborene*.*

Den Namen Athene kennt jeder, aber ihre Stenotypisten hat's halt erwischt bei der großen Flut.

Die Überlebenden konnten nicht schreiben. Leider ist viel verlorengegangen über die alte Zeit. Keiner checkt, dass Athene richtig taff war in ihrer Art und einwandfreie Führungsqualitäten hatte. Mann, was 'ne Frau! Der Mob hat nur abgelästert und nicht gesehen, was sie alles gestemmt hat. Emanzipiert durch und durch: Sogar den Ägyptern ist es aufgefallen. Mann und Frau auf gleicher Stufe – Athene hat's allen klar gemacht. Ja, so lief das ab bei uns.

Wir hatten soziale Gleichstellung, und der Gemeinsinn war höchstes Gut. Bestechlich waren die Obersten nicht. Das Land war fruchtbarer als woanders, es wuchs alles an Gemüse und Obst, und alle möglichen wilden und zahmen Tiere gab es.

Die Vegetation war üppig, aber es ereigneten sich viele Überschwemmungen. Die Dächer der höchsten Gebäude sieht man noch, sie sind aus regionalem Holz gefertigt. Die Flora war unvergleichlich: Zeus schuf Quellen, Tonerde und bewässerte regelmäßig. Alles passte: Klima, Saat, Ernte. Die Bauern kümmerten sich um Anbau und sonst nichts, und die feinste Ernte war das Ergebnis.

Nach der großen Flut war nur noch der Berg zu sehen, wo Athene wohnte. Sie war schlicht und machte sich nichts aus Gold und Silber, stellte

74

die Geschlechter gleich und beschützte ihr Land. Es sollte um die 20.000 Einwohner haben.

Es lief gut. Sie waren unter sich. Sie waren klug, schön und europaweit hoch angesehen. Dort lebten zwar auch Nicht-Griechen, aber diese hatten griechische Namen. Solon übersetzte die ägyptischen Texte und gab den Hauptpersonen griechische Namen.

Poseidon bekam Atlantis.** Er zeugte Sprösslinge, die dort aufwuchsen, mit der Erdenfrau Kleito. Ihre Ebene war die schönste auf Erden. So baute er sie: Mittig legte er die Insel, auf der Kleito wohnte, dann folgten abwechselnd Ringe aus Erde und Wasser in exakter Reihenfolge: eine runde Insel in der Mitte, zwei Wasserringe, ein Kringel Erde, zwei Kringel Wasser und so weiter.

Bedürfnisse des Lebens waren aus schmelzbaren Erzen gefertigt. Es gab kein vergleichbares Land auf Erden. In der Mitte stand die Burg, umgeben von einem enormen Graben, dann wieder Bergwälle, danach Gräben, wieder Wälle und so fort, und alles war exakt ringförmig angeordnet. Der äußere Ring war übers Meer von der nächsten Küste 50 Stadien entfernt.

Der Graben um die Wohnebene kann nicht menschengemacht gewesen sein, er war zu gewaltig und erscheint unglaublich. Das Bewässerungssystem war Gottes Werk und so effektiv, dass zweimal jährlich geerntet wurde. Eine unsägliche Menschenmenge lebte auf Atlantis, das war die Nachkommenschaft des Atlas. Jeder Bewohner gehörte fest einem der zehn Herrschaftsgebiete an, und jedes von ihnen stellte einen Anführer. Die Kriegsflotte bestand aus 1.200 Schiffen. Im Ernstfall standen alle zehn füreinander ein. ...

* Originaltext aus der Übersetzung von Dr. Franz Susemihl, die als Vorlage für die freie Interpretation der Autorin diente.

** Ich persönlich vermute, Poseidon bekam den Atlantik (ggf. ein Übersetzungs- oder Kopistenfehler), denn wie soll er etwas erhalten, das er laut der Überlieferung erst im Anschluss baute? Im Antlantik entstand die künstliche Bleibe. Der Mensch kann das auch: Flevopolder ist mit 970 km² die größte künstliche Insel der Welt.
Sprachwissenschaftlich ergibt das am meisten Sinn. Die Bewohner bildeten laut Platons Freund Kritias die Nachkommenschaft des Atlas – unweit entfernt: das **Atlas**gebirge. Zufall? Einen Lottosechser halte ich für wahrscheinlicher als die dreifache sprachliche Deckung.

Die präastronautische Sichtweise bringt Frische in trübe Tümpel der Sinnbildhaftigkeit.

Karl Friedrich Hermann, Friedrich von Schlegel und Johann W. Klingender waren davon überzeugt, dass es sich bei Hesiods Weltalterlehre, die sich in einigen Punkten mit Platons

76

Schilderungen deckt, nicht um Phantastereien der Erzähler handelt, sondern ihr Kern auf wahren Begebenheiten basiert: auf ein frühes Miteinander der „Außerweltlichen" mit den Menschen.

Einen wahren Schatz an Überlieferungen über jenes Zeitalter haben uns die Alten Ägypter hinterlassen. Als „Selige Urzeit" bezeichneten sie die Ära, „als die Götter auf Erden neben den Menschen wandelten."
Die Schöpfungsmythen der Maya sowie althinduistische Veden enthalten ebenfalls umfangreiche detailgenaue Geschichten über Götter, die „viele Jahrtausende länger auf Erden wirkten als ihr Geschöpf, der Mensch, selbst".

Über die Lage des versunkenen Kontinents Atlantis gibt es unterschiedliche Ansichten. Wenn wir Platon wörtlich nehmen, könnte sich der nächste Tauchtrupp sofort auf die Socken (bzw. in die Flossen) machen: ausgehend von der Mündung der Straße von Gibraltar in den Atlantik in westlicher Richtung „50 Stadien" entfernt.
Allerdings würde man, sollte die Ortung zutreffen, hier auf den „äußeren Ring" stoßen. Das Zentrum der Landmasse befände sich vermutlich viel weiter in westlicher Richtung. Auf Satellitenbildern fällt auf, dass der Verlauf des Mittelatlantischen Rückens dort die Form eines Kreissegments aufweist, das durch rillenartige

Landschaftsschluchten unterhalb des Meeresspiegels gekennzeichnet ist. Somit könnte die Azoreninsel Pico das Zentrum von Atlantis gewesen sein. Unweit des Montanha do Pico befindet sich der Ort Madalena. Dieser Name hat im Griechischen seinen Ursprung und bedeutet „die aus Magdala stammende"; Magdala = Turm.

Poseidon baute laut Platon für seine Kleito eine Burg, und es ist anzunehmen, dass der Architekt auch an einen Turm gedacht hat. Zufall? Urteilen Sie selbst.

Lust auf mehr? Aber gerne doch!

Jesus Christ Superstar

Kritiker des Neuen Testaments verweisen gerne auf die biologische Unmöglichkeit einer unbefleckten Empfängnis. Zugegeben, die Geschichte *ist* unglaublich – zumindest aus der Tunnelblick-Perspektive.

Aus Sicht der Prä-Astronautik ist sie es nicht. Einige Befürworter dieser Theorie halten es für realistischer, dass es sich hierbei um eine künstliche Befruchtung handelte, bei der menschliche und extraterrestrische DNS kombiniert wurden. Somit wäre Jesus ein Hybrid gewesen, der als

78

Abgesandter mit einer wegweisenden Mission geboren werden sollte.

Der Mensch der westlichen Welt kann sich mit Hinblick auf die unzähligen Kriege mit all ihren Gräueltaten kaum vorstellen, dass es einmal eine Zeit gegeben haben könnte, wie sie in den Texten von Platon beschrieben wird. Falls dies ein Tatsachenbericht war, so herrschten zu jener Zeit paradiesische Zustände auf Erden: genug Nahrung, Schlichtheit, Zufriedenheit.

Setzen wir den Fall, eine der mehreren außerirdischen Spezies, die unseren Planeten bereits besucht und versucht hatten, Fuß zu fassen, hatte ein Terrain des blauen Planeten für sich beansprucht, so war es ihr gelungen, den Exoplaneten zu besiedeln und für das Verständnis der Völker zu sorgen, innerhalb von Bevölkerungsgruppen den Alltag zu gestalten.

Durch welches Ereignis aber entstanden Zwietracht, Neid, Egomanie? Was führte zur Habsucht des Menschen, und warum resultierten Kriege daraus? War eine weitere Spezies dafür der Auslöser, eine Zivilisation, die ein anderes Ziel verfolgte als die auf irdischen Kolonien gelebten Tugenden des Goldenen Zeitalters? Versuchte ein Konkurrent der „göttlichen Landesherren", einen Teil der Menschheit für sich zu gewinnen, um seine Macht zu stärken und

Mitspracherecht zu erhalten im perfekten planetaren Versuchslabor?

Wir meinen, die Gründe für Kriege größtenteils zu kennen, nur: Was wissen wir über den Ursprung der ersten Kriege in der frühesten Geschichte der Menschheit?

Wurden die „ersten Menschen" oder (wie manche Prä-Astronautiker sie nennen) die ersten „Züchtungen" tatsächlich verführt – von Wesen, die halb Schlange, halb Mensch waren? Weltweit ragen sich Legenden um Schlangenwesen, die den Menschen von seinem von den Göttern bestimmten Wege abzubringen versuchten. In unzähligen Überlieferungen sind es reptilienartige Wesen, die Unheil über das „Gotteskind Mensch" bringen.

Meiner Ansicht nach ist es nicht möglich, dass per Zufall auf ausnahmslos allen Kontinenten, die teilweise durch Tausende von Seemeilen getrennt sind, deckungsgleiche Mythen über die gleichen Schlangen- und/oder Drachenwesen entstanden, wie der Großteil der Ethnologen uns glauben lassen möchte.

Ich bin raus. Wer 1 und 1 zusammenzählt, erkennt: Das Ergebnis kann unmöglich „Zufall" lauten.

Wurden jene, die der Versuchung nicht widerstanden, tatsächlich ausgeschlossen aus jener Gemeinschaft, die sich auf Erden etabliert hatte?

Was ist dran an der Geschichte über die Vertreibung aus dem Paradies?

„Du sollst keinen anderen Gott neben mir haben!", lautete der Befehl des Höchsten. Sicher war er nicht amüsiert beim Übertreten einiger seiner Zöglinge auf die Gegenseite. Ein Vergleich zu heute: Welcher Arbeitgeber ist nicht zutiefst enttäuscht, in seiner Ehre gekränkt und überdies meist noch erbost, wenn Mitarbeiter abgeworben werden? Zeit, Geld und Nerven investierte er einst, um den Angestellten zum Baustein und Zahnrad seines Projekts, seinem großen Ziel, zu machen.
Extraterrestrischen Kolonialherren würde dies ebenso missfallen. Unmut, Enttäuschung, Streit könnten die Folge sein – und Krieg.

Ein Versuch jener, die das kosmische Glückslos „Erde" zuerst gezogen hatten, könnte ein geplanter Neubeginn gewesen sein: ein Hybrid als Vermittler zwischen Mensch und seinen Schöpfern.

Dieses Kapitel wurde von der Autorin am Karfreitag im Jahre 2021 überarbeitet – im Kerker der einsamen Schriftstellerei – in aller Stille und Abgeschiedenheit. Bei Einbruch der Dunkelheit zündete sie eine Kerze an – für den Mann, der vor über 2000 Jahren das Beste auf der Erde festigen wollte, was sich die Menschheit nur wünschen kann: Frieden.

An dieser Stelle möchte ich ein herzliches Dankeschön an den Messias aussprechen für seine letzten Worte, mit denen er jene samt ihrer Nachkommenschaft in Schutz nahm, die ihn auf bestialische Weise lynchten:

„Herr, vergib' ihnen,
denn sie wissen nicht, was sie tun."

Danke, Jesus von Nazareth.
Nicht auszudenken, was passiert wäre, hätten unsere Schöpfer die Menschheit für dieses Verbrechen mit kataklystischer Gewalt bestraft.

Ob Jesus seine Lebensaufgabe zur Zufriedenheit seiner Auftraggeber ausführte, bleibt offen. Mit Verweis auf das Ende der Geschichte steht hier ein großes Fragezeichen.

Seine Jünger als Apostel und Verbreiter seines Herzensanliegens, der Nächstenliebe, führten sein Projekt fort und leisteten großartige Arbeit: Das Christentum ist mit weit über 2 Milliarden Anhängern die derzeit größte Weltreligion. Das Leben innerhalb der Gemeinde steht im Vordergrund – neben Selbstlosigkeit, Güte, Gnade, Bescheidenheit. Die Religion der Liebe fand Einzug in alle Winkel der Welt.
Ich meine, das Vorhaben des Messias und seiner Vorgesetzten ist akzeptabel verlaufen.

Atheisten und Agnostiker stellen die Frage, wo Gott denn ist, wenn Menschen hungern, ein Kind misshandelt wird oder anderes Elend durch die Grausamkeit mancher Menschen geschieht.

Ich meine, in solchen Momenten ist nicht Gott abwesend, sondern das Göttliche in uns.

Moses wird satt

Ein Beispiel aus dem Alten Testament, das von Kritikern angeführt wird, ist die Erzählung über das Volk Israel.

Theologen deuten den Auszug aus Ägypten ins Gelobte Land als das „Wachstum und das Werden der menschlichen Stärke, Weisheit und Unerschütterlichkeit durch die Führung Gottes."

Die Bücher Mose sinnbildlich zu verstehen, erfordert starke Nerven und verlangt dem Leser allerhand philosophisches Gespür, abstraktes Denken und krampfige Vorstellungskraft ab. Wen wundert es, dass die Bibel in Haushalten der westlichen Welt im Bücherregal meist ver-staubt, wenn dem Leser ein geistig derartig zähes Synchrondolmetschen zugemutet wird?

Erich von Däniken beschreibt es treffend, indem er vorschlägt, nicht ausschließlich theologisch zu interpretieren, denn dies hätte zur Folge, vor einem Labyrinth von seltsamen Mitteilungen zu stehen, durch das kein Weg zum Ziel führt. Lässt man aber das arabeske Beiwerk in seiner blumigen Bildersprache weg und betrachtet den Kern, dann offenbaren uns die alten Schriften „Berichte von geradezu unheimlicher Dramatik"!

Angenommen, der Exodus sollte tatsächlich als Sinnbild verstanden werden, warum kommt dann eines der unphilosophischsten Themen wie die Ernährung ins Spiel? Bei einer mystifizierten Schilderung ist Manna fehl am Platze. Nicht aber, wenn wir den wahren Kern des Erzählten suchen.

Hier ein Vorschlag: Bei der göttlichen Speisung handelte es sich um einen ernährungsphysiologisch vollends auf die Bedürfnisse des Menschen abgestimmten Proteinregen – vielleicht auf Algenbasis und synthetischem Fett.

Klingt das verrückt? Ich meine, eine solche Erklärung enthält weitaus mehr Logik als jeder andere Versuch. Ob der Manna-Part einem Sinnbild entspricht oder der Beschreibung einer fliegenden Lebensmittelproduktionsstätte, obliegt dem Gusto des Wahrheitssuchenden.

Eine fliegende Großkantine bildet die Herleitung des Sabbat: Die Maschine musste ein Reinigungsprogramm durchlaufen und konnte einmal pro Woche keine Nahrung produzieren.

George Sassoon und Rodney Dale verfassten Ideen zu ihrer Bauweise – nachzulesen in *The Manna Machine*.

Ein Präsentkorb von Herrn Oppenheimer

Die Veden und deren Upanishad bestehen aus über 4 Millionen Texten. Bis zum heutigen Zeitpunkt wurde nur ein geringer Teil veröffentlicht. Nach heutigen Schätzungen wurden sie vor 3.000 - 10.000 Jahren niedergeschrieben, doch gehen Gelehrte davon aus, dass das überlieferte Wissen aus einer noch weiter zurückliegenden Zeit stammt.

Werner Heisenberg, der mehrere Monate in Indien lebte, studierte die Veden, aus denen er immer wieder zitierte, über Jahre hinweg. Sie seien für ihn neben den spirituellen indischen Traditionen der Schlüssel zu seinem Verständnis für die Vernetzung von Relativitätstheorie und physischer Vergänglichkeit gewesen – nachzulesen in „Ungewöhnliche Weisheit" von Fritjof Capra. Die alten hinduistischen Texte besitzen Elemente der Quantenphysik, das Konzept der Synchronizität zur Erklärung parapsychologischer Phänomene sowie das der atomaren Kriegsführung. Letzteres wurde durch Robert Oppenheimer bestätigt.

Auch Oppenheimer war von den Veden fasziniert, trug sie bei sich und verschenkte zahlreiche Ausgaben. Besonders Schilderungen über den Existenzkreislauf sowie Teile der Bhagavadgita über die Brahmastra, einer „alles vernichtenden Waffe der Götter", beeinflussten und beeindruckten Robert Oppenheimer zutiefst. Die in der vedischen Schrift genannte Auswirkung der Brahmastra auf Mensch und Natur beschreibt exakt den Zustand nach Einsetzen von Atomtechnologie. Nach dem Zünden der ersten Atombombe am 11.07.1945, 5.30 Uhr, zitierte Oppenheimer schockiert eine Stelle aus der Bhagavadgita:

„Jetzt bin ich der Tod geworden, der Zerstörer der Welt."

Über seine Untersuchungen der althinduistischen Texte sagte Oppenheimer:

„Der Zugang zu den Veden ist das größte Privileg, das dieses Jahrhundert in allen vorangegangenen Jahrhunderten beanspruchen kann."

Auch im Ramayana und in den Puranas ist die mächtigste aller Waffen beschrieben.

Neben Wissenschaften wie die der Medizin, Astronomie, Geologie oder das Konzept für eine gesunde Lebensweise im Einklang mit der Natur werden Grundlagen der Quantenmechanik in althinduistischen Texten erläutert.

Zeitzeugen verfügten über ein Wissen, das für uns Heutige unvorstellbar in Umfang und Inhalt erscheint.

Exakte Baupläne für fünf verschiedene „Vimanas", die Fluggeräte der Götter, ermöglichten bereits ihren Nachbau, um die Flugfähigkeit zu prüfen – mit folgendem Ergebnis: Bestanden!

Das Buch Mayamatam beschreibt die Basis der vedischen Architektur „Vastu". Ihre Zeugnisse, die Jahrtausende überdauert haben, sieht man noch heute: Bei Tempeln wurde ein ayurvedischer „Kleber" verwendet, der im Vergleich zu Beton (Haltbarkeit ca. 70 Jahre) zeitlos ist, und darüber hinaus deutlich härter.

Die Anleitung zur Herstellung des „himmlischen Klebers" inklusive Zutatenliste ist im Mayamatam nachzulesen.

Unzählige Tempel weisen im Innern der Kuppel eine Darstellung auf, die deutlich an den Querschnitt eines Teilchenbeschleunigers erinnert. Die Ähnlichkeit ist verblüffend:

Bilder gemeinfrei
Quellen für Fotomaterial: Wikimedia Commons

Weiterhin hätten „drei fliegende Städte" die Erde umkreist, welche kleinere Schiffe auf irdisches Terrain hinabsandten. Weltweit abgetragene Bergspitzen wie die Plateaus von Nazca und der Monte Albán in Mexiko bereiten Geologen Kopfzerbrechen. Mit Weltraumaugen ein klarer Fall: Landeplätze für Vimanas!

Indische Mandalas sind auf die gleiche Weise in einzelne Segmente eingeteilt und aufgebaut wie das Kuppelinnere vieler Tempel bzw. der Teilchenbeschleuniger (siehe vorangegangene Fotos). Im Buddhismus haben diese Kreisbilder eine tiefreligiöse Bedeutung und werden in Verbindung mit Meditation gestaltet. Buddhisten sind davon überzeugt: Mandalas beinhalten „die Weisheit, die uns zu den Sternen führt".

Als Begründer der ayurvedischen Medizin und Ernährungslehre wird Dhanvantari in den Veden erwähnt. „Der erste Chirurg auf Erden", der als Inkarnation des Gottes Vishnu gilt, reiste laut der Überlieferung aus der Milchstraße zur Erde und überbrachte den Menschen sein Wissen über die göttliche Heilkunst.

Im „Susruta Samhita" werden die Grundlagen seiner Lehre, des „lebenserhaltenden Schatzes" aufgezählt:

Inzisionen, Exzisionen, Extraktionen, Ausschabungen. Weiterhin werden neben zahlreichen gesundheitsfördernden mineralischen und tierischen Hilfsstoffen über 700 Heilpflanzen genannt.

Kritiker halten Dhanvantari nicht für den ersten Chirurgen auf Erden, sondern für einen der ersten Quacksalber. Der im Industal gefundene Schädel, dessen Alter auf rund 4.300 Jahre datiert wurde, belegt das Gegenteil: Er enthält Spuren von Bohrungen, die auf eine offene Operation am Gehirn hindeuten. Diese Öffnungen waren vollständig geschlossen und derartig gut verheilt, dass das Ergebnis mit heutigen Erfolgen mehr als mithalten kann. Die Öffnung der Schädeldecke zu jener Zeit hatte somit für den Patienten nicht den Tod bedeutet, sondern das Gegenteil: Heilung – und im Optimalfall ein längeres Leben.

Neo & die verflixte Matrix

Die Upanishaden beinhalten Konzepte aus der Lehre der Quantenphysik und ihrer weiterführenden Möglichkeiten hin zur Parapsychologie. Menschliches Dasein sei ein „Herausfallen aus der kosmischen Einheit" und mit einem Dämmerzustand vergleichbar, der uns der allumfassenden Möglichkeiten unseres Seins beraube. Zeitlebens würde der Mensch seinen ersten Schmerz, den er zu Beginn seiner irdischen Inkarnation spürt, zu kompensieren versuchen – entweder auf die empathische oder aber narzisstische Weise.

Jenseits der „irdischen Bühne" befände sich die wahre Realität. Der Mensch mit seinen begrenzten Sinnen sei jedoch nicht dazu imstande, diese in vollem Umfang und auf allen Ebenen zu erfassen.

Nur teilweise sei es ihm während seines irdischen Daseins möglich, die Verbindung zum Ur-Zustand seines Geistes wiederzufinden. In jenen Momenten könne Großes geschehen und den Einzelnen zu herausragenden Gedanken und Taten von solcher Kraft befähigen, dass nicht nur er selbst, sondern überdies ein Teil der Menschheit bereichert würde.

Die transzendente Realität sei unendlich und frei von dimensionalen Beschneidungen wie Zeit und Raum. Über die Großartigkeit und Göttlichkeit dieses dimensionslosen Seins habe der Mensch zeitlebens eine nicht vollumfassende und daraus resultierend oftmals irreführende Vorstellung.

Mars macht mobil

In einem Interview mit der israelischen Tageszeitung *Jediot Ahronot* anlässlich der Veröffentlichung seines Buches *Das Universum jenseits des Horizonts"* erläuterte Prof. Haim Eshed, israelischer General und Leiter des israelischen

Programms für Weltraumsicherheit, im Dezember 2020 das Bestehen einer Allianz zwischen US-Regierung und Vertretern einer außerirdischen Rasse. Laut Prof. Eshed seien Forschungsarbeiten das gemeinsame Ziel, für deren Umsetzung das Bündnis eine Basis unterhalb der Marsoberfläche errichtet habe.

Die Aussagen von Prof. Eshed werfen die Frage auf, welchem Zweck diese Verbindung dient. Weiterhin ist offen, wie die Etappenziele des Projekts lauten, welchen Nutzen die Menschheit trägt und welche Vereinbarungen zur Gestaltung der gemeinsamen Forschungsarbeit getroffen wurden.

Um ein Gleichgewicht in einem biologischen System zu halten, werden Auswahlverfahren durchgeführt wie etwa Zählung der Arten und partielle Dezimierung – so, wie der Jäger im Wald vorgeht.

Überbevölkerung ist eines der größten Probleme dieses Planeten. Falls die Behauptungen von Prof. Haim Eshed zutreffen, stellt sich die Frage, wie das nächste Etappenziel der Allianz aussehen könnte.

Soll die Anzahl der Erdbewohner zum Wohle des Planeten reduziert werden und / oder wird die Stärkung des Homo sapiens sapiens mittels Immunisierung angestrebt? Genießen hochrangige Vertreter der Regierungen einen Schutz, der nur auserwählten Personen zuteil wird, die durch die besagte Allianz mit Fokus auf ein gemeinsames Ziel verbunden sind? Sind Pandemien Teil eines Hybridisierungsprogramms, das von einer oder mehreren außerirdischen Intelligenzen ins Leben gerufen wurde und bis heute fortbesteht?

Weiter berichtete Prof. Eshed, Donald Trump wurde während seiner Amtszeit angeblich eingeweiht und war kurz vor der Präsidentschaftswahl 2020 im Begriff, „etwas auszuplappern". In Interviews, bei denen der ehemalige Präsident der USA auf die Möglichkeit einer extraterrestrischen Präsenz auf der Erde oder innerhalb unseres Sonnensystems angesprochen wurde, reagierte er untypisch. Seine oftmals als süffisant und überheblich beschriebene Art schlug um in zurückhaltende Wortkargheit – ähnlich wie bei Jimmy Carter, der bei diesem Thema stark introvertiert und machtlos wirkte.

Alles Alu oder was?

Verschiedene Theorien wurden im Bereich der Prä-Astronautik aufgestellt. Die Anzahl der weltweiten Funde in Form von Artefakten, Höhlenmalereien, Skulpturen, Darstellungen und Schriften ist überwältigend. Archäologen und andere Vertreter der gängigen Lehrmeinung kommen mehr und mehr in Erklärungsnot. Beim ältesten Gebrauchsgegenstand, der bis dato gefunden wurde, handelt es sich um einen Hammer, dessen Alter von zwei voneinander unabhängigen Forschungsteams auf mindestens 140 Mio. bis 400 Mio. Jahre geschätzt wird. Folglich beweist er das zeitgleiche Zusammenleben von Dinosauriern und Wesen, die in der Lage dazu waren, einen Hammer herzustellen. Die Fresken auf Tempelsäulen von Göbekli Tepe, die offensichtlich Darstellungen von Triceratops, Maiasaura und Tyrannosaurus Rex aufweisen, bestätigen dies.

Das Alter des Aluminiumkeils von Aiud ist auf mehr als 1.000.000 Jahre datiert. Somit zählt auch er zu den größten archäologischen Sensationsfunden, denn das Herstellungsverfahren für Aluminium wurde erst 1825 entwickelt – zumindest vom Menschen. Auf anderen Planeten hatte man schon früher mit Kryolith gepanscht und die Schmelzflusselektrolyse ausgetüftelt, wie der schöne Keil in all seiner Pracht uns wissen lässt.

Die Herkunft des Aiud-Keils (wie auch die des London Hammers) ist so unerklärlich, dass sie nicht ins aktuelle Bild der Menschheitsgeschichte passen. Beide Artefakte schlummerten jahrelang in den Archiven der Museen. Archäologen waren ratlos, denn die Herkunft war nicht zu bestimmen.

Offensichtlich konnte niemand der Verantwortlichen den Mut aufbringen zur Forderung,

94

die nach Ansicht von Anhängern der Prä-Astronautik längst überfällig ist: ein Umschreiben der
Geschichtsbücher.

Obacht ...

Die hier geschilderten Zusammenfassungen
sind nicht das Ergebnis jahrelanger eigener
Forschungsarbeit der Autorin. Sie fußen weder
auf Universitätsbesuchen noch resultieren sie
aus dem Beiwohnen von Ausgrabungen,
Entführungserlebnissen durch Geheimallianzen
oder der persönlichen Anwesenheit bei einer
Ufo-Sichtung.
Sie bildet lediglich das Produkt aus Neugierde,
leidenschaftlicher Lektüre von alten Schriften
und zahlreichen Werken zum Thema Prä-Astronautik, dem Austausch mit Gleichgesinnten,
mehreren Museumsbesuchen ... und der Eigen-
art, mitten in der Nacht in den Garten hinaus-
zuschleichen, eine Decke auf den Rasen zu
legen, hinaufzublicken in die lichtgeschmückte
Sattheit des Dunkels – und im Geiste hochzu-
schweben ...

Ein Ankommen

„Wer nicht an extraterrestrisches Leben glaubt, hat noch nie versucht, das unvorstellbare Ausmaß des Universums zu erfassen." Dieses Zitat, dessen Urheber im letzten Teil dieses Buches gedankt wird, klingt wie eine Ermunterung, neugierig zu sein. Mit Freude habe ich sie vor vielen Jahren als Einladung verstanden – zu einer Entdeckungsreise ins Reich der Sagen, Mythen, Legenden und Religionen.

Dieser Einladung bin ich gefolgt. Die Anfänge dieser Reise waren zart, leise und verhalten. Ich genoss sie im Stillen und sprach kaum über das, was ich gelesen hatte, welche Fragen sich auftaten, an was ich glaubte, was ich nicht glaubte, was ich wusste, zu wissen glaubte oder definitiv nicht wusste.

Jahre später stolperte ich über folgende Aufforderung zu einem gedanklichen Experiment: „Schmökern Sie doch mal im Alten Testament und ersetzen das Wort „Engel" durch „Außerirdische"!"

In jenem Moment saß ich auf meinem in ergonomischer Hinsicht unvorteilhaft geformten

Drehstuhl, starrte auf den Bildschirm meines Arbeitsplatzes und löffelte mein Mittagessen: alkoholfreies Tiramisu, das ein Kollege für die Belegschaft mitgebracht hatte.

Bis Feierabend konnte ich keinen klaren Gedanken mehr fassen, so sehr sehnte ich eine Bibel herbei. Zugegeben: Das war mir in meinem ganzen Leben noch nicht passiert. Als die Haustür hinter mir ins Schloss fiel, strampelte ich die Pumps in Richtung Schuhschrank ab, eilte zum Bücherregal, suchte und fand das Buch der Bücher, fischte es heraus und pustete den Staub weg, der sogleich wie frischer Flaum eines mausernden Wellensittichs hinabschwebte. Mit einem Glas Edenkobener Dornfelder und einer Schüssel Radieschen richtete ich in der Lese-Ecke des Wohnzimmers mein Schlafgemach ein – oder vielmehr meine Bleibe für die insomnische Nacht, die nun folgte.

Herr von Däniken hatte es geschafft: Nach vielen Jahren der Bibel-Abstinenz brachte er mich (und gewiss einen beachtlichen Teil seiner Leserschaft) dazu, die Heilige Schrift mit anderen Augen zu sehen und mit „Weltraumaugen" zu lesen. Schon als Kind wusste ich: Herr von Däniken versteht die Begegnung des Propheten Hesekiel als Sichtung eines Flugobjektes. Die Idee hingegen, den Bibel-Kanon gedanklich dahingehend zu ordnen und neu zu verstehen, indem das Wort „Engel" an jeder

Stelle durch „Außerirdische" ersetzt wird, war mir bis zu jenem Tage fremd gewesen.

Es war der Beginn eines Gedankenspiels, das vor meinem geistigen Auge einen Blockbuster entstehen ließ, dessen Wucht, Pracht und erfrischende Entmystifizierung ein Tor öffnete, hinter der ein Begriff auf mich wartete, nach dem ich mich gesehnt hatte und den ich nicht mehr missen möchte: Klarheit.

Endlich. Es war wie ein Ankommen, wie eine Landung auf sicherem Terrain.

Engel und Bengel

Christian Nürnberger führt in seinem Buch „Die Bibel – Was man wirklich wissen muss" folgenden Gedanken an: „Den Menschen kann nicht länger zugemutet werden, dass es sich bei den Erzählungen aus dem Alten und Neuen Testament um wahre Begebenheiten handelt. Daher sollten wir beginnen, die Texte im übertragenen Sinne zu deuten."

Ich schlage das Gegenteil vor: Den Menschen kann nicht länger zugemutet werden, dass es sich bei biblischen Erzählungen oder anderen religiösen Schriften um Mystik, Gleichungen oder ähnlich Verwirrendes handelt. Es ist anstrengend, umständlich und weltfremd. Daher sollten wir beginnen, die Texte wörtlich zu nehmen. Wir müssen nur verstehen, welche missverstandene Technologie die Menschen aus jener Zeit mit ihrem Wortschatz zu beschreiben versuchten. Unseren Vorfahren Intelligenz und Augenlicht abzusprechen sowie die Infragestellung ihres Vorhabens, das Gesehene in Wort und Schrift weiterzugeben, oder es für einen ausgedachten Kult zu halten, wäre mehr als arrogant.

Ihre Geschichte gaben sie weiter. Ihr Erlebnis war unvergesslich, erschütternd und strahlend schön zugleich. Sie konnten nicht anders: Unsere Vorfahren mussten es weitererzählen, niederschreiben, aufmalen, in Stein meißeln, aus Ton formen, aus Holz schnitzen und so fort. Die Götter haben ihre Spuren hinterlassen.

Die Menschen, die Seite an Seite mit ihnen lebten, hielten dies für die Nachwelt fest. Wollen wir sie weiterhin belächeln und diesen unbeschreiblich kostbaren Schatz ignorieren, den wir doch nur mit anderen Augen betrachten sollten: aus der Perspektive der Prä-Astronautik?

Der „moderne" Mensch packt all diese Überlieferungen ins Reich der Mythen, Legenden, Kulte oder dergleichen, schmunzelt über Rituale oder verfällt in einen süffisant-überheblichen oder bemutternden Ton, wenn er über Bräuche oder die Glaubensvorstellungen unserer Vorfahren spricht. Kommt in Dokumentationen das Thema „Sagen und Legenden" auf, klingen Kommentatoren, als würden sie einem Kind den heruntergefallenen Schnuller reichen und seinen Kopf tätscheln.

Verhält sich die westliche Welt hier nicht ein wenig versnobt?

Wir sollten den Wissensschatz unserer Vorfahren ernst nehmen. Sie hielten fest, was sie erlebten. Ohne Sinnbild, ohne Mystik, ohne ihren Nachfahren zumuten zu wollen, ständig zwischen den Zeilen lesen zu müssen. Warum sonst sollten sie wertvolle Zeit investiert haben, sich einer Sache zu widmen, die für sie so groß, so wichtig, so herrlich war, dass sie keinerlei Mühe scheuten?

In jeder freien Minute suchte ich nach Übereinstimmungen und entdecke sie in den alten Veden, im Alten und Neuen Testament, in den Apokryphen, in den Grundlagen des Taoismus, Jainismus, Literatur über Überlieferungen der Hopi-Indianer in Nordamerika, der Olmeten, Maya, Inka und Aztekten in Mittel- und Südamerika.

Zu vortrefflichen Stellen zählen die Himmelfahrt des Henoch aus den Texten der Schriftrollen des Toten Meeres, Übersetzungen der Keilschrifttafeln aus dem Sumer, Platons Beschreibung von Atlantis, die Legende um Tut

100

Mose, seinen Bruder Echnaton und dessen Frau Nofretete. Auch die Geschichte über das verborgene Reich Shambhala in Tibet oder die Legende über den Gelben Kaiser Huangdi laden zu unvergleichlichen Entdeckungen ein.

Begleitende Artefakte wie die Grabplatte von Palenque, die Aiud-Schaufel, der London Hammer, die Chromkugel innerhalb einer Nomoli-Figur, weltweite Verglasungen von Sand, radioaktive Rückstände aus prähistorischer Zeit, großflächige Chemikalienschichten zur Wasserstoffherstellung und somit Betreibung eines Kraftwerks in den Schächten der Königinnenkammer der Cheops-Pyramide etc. können von Archäologen nicht erklärt werden.

Daher wird ein Teil dieser wertvollen Funde nicht ausreichend beachtet und untersucht oder wandert jahrelang in dunkle Archive der Museen in aller Welt, denn sie passen nicht in das Bild der vorherrschenden Lehrmeinung.

Der Wissbegierige, der hinsieht und logisch schlussfolgert, erahnt ihre wahre Bedeutung und Herkunft. Wäre die Schmach der Archäologen und Anthropologen so groß, wenn wir unsere Geschichte umschreiben müssten? Diese Funde dürfen nicht länger als „Hinweise" auf frühzeitliche extraterrestrische Besucher betitelt werden, denn das sind sie nicht.

Es handelt sich hierbei um Beweise. Meine Meinung.

Die Einladung von Erich von Däniken, die eigene Sichtweise auf die Probe zu stellen und mit dem Engel-Außerirdischen-Austausch als einleitendes Experiment zu beginnen, war eine der schönsten, die ich je erhalten habe.

Sie brachte mich dazu, aufzublicken.

Cooler Treibstoff

Das Alter des Kosmos wird auf mindestens 14 Milliarden Jahre geschätzt; das unserer Erde auf etwa 4,6 Milliarden. Wir müssen davon ausgehen, dass es Planeten gibt, die weitaus älter sind und infolgedessen deren Bewohner im Vergleich zum Erdenbürger über einen entsprechenden Vorsprung in ihrer Entwicklungsgeschichte aufweisen.

Im Hinblick darauf, was dem Menschen allein in den vergangenen 150 Jahren an technischem Fortschritt gelungen ist, halte ich das mögliche Ausmaß der Entwicklungen nicht-irdischer Intelligenzen gegenüber menschlicher Errungenschaften der vergangenen Jahrzehnte für gigantisch und schlicht unvorstellbar. Vor kurzem äußerte sich ein Politiker in einem Boulevardblatt über dieses Thema mit den

Worten: „Sicher gibt es irgendwo Aliens, aber ich glaube nicht, dass sie so weit durchs All reisen und uns finden können."

Eine um hunderte, tausende oder gar Jahrmillionen ältere Zivilisation reist nicht mit oldschool Antrieb durch die Weiten des Weltraumes und tuckert so zum nächsten Planeten, wie Elon Musk es innerhalb des kommenden Jahrzehnts plant.

Wir sollten uns vor Augen halten, dass der Mensch es noch nicht einmal zu einem seiner beiden Nachbarplaneten geschafft hat, sondern lediglich zu seinem eigenen Trabanten, dem Mond. Extraterrestrische Wesen, die in der Lage sind, zu uns zu reisen, werden weitaus besser darin sein, aus immerwährenden Quellen zu schöpfen.

Nur weil es Physikern noch nicht gelungen ist, Einsteins Relativitätstheorie in die Praxis umzusetzen, heißt nicht, dass andere Lebensformen diese Herausforderung nicht längst gemeistert haben.

Liegen Sie, lieber Leser, auch in so manch schlafloser Nacht wach, gucken in den Sternenhimmel und malen sich aus, welche für uns zum jetzigen Zeitpunkt noch unglaublichen Leistungen jene Zivilisationen wohl zustande brachten? Vielleicht hatten sie einige Millionen oder gar Milliarden Jahre länger Zeit für ihr Wachsen, ihr Werden und zur nachhaltigen

Optimierung der Ressourcennutzung auf ihrem Heimatplaneten.

Über von der Menschheit genutzte Antriebsformen in der Raumfahrt würden extraterrestrische Beobachter gewiss schmunzeln. Nicht nur Ressourcenausbeutung, Lärm, Schmutz und Gestank sind mit unseren Fortbewegungsmitteln verbunden – für bemannte Reisen in Gefilde jenseits unseres Sonnensystems sind sie schlicht zu langsam. Das derzeit schnellste Flugzeug bringt es auf gerade mal rund 1000 km/h; eine Rakete legt rund 7 km pro Sekunde zurück. Im Vergleich zum Lichtstrahl, auf dem Albert Einstein in seinen Tagträumen gern durchs All raste, erreichen beide nicht einmal Schneckentempo.

Bereits während des zweiten Weltkriegs wurde mit Quecksilber experimentiert. Heute ist bewiesen, dass rotierendes Quecksilber Anti-Gravitation erzeugt, die ihren Antrieb aus sich selbst speist und unerschöpflich ist, solange es kalt genug ist. Nirgendwo sonst finden sich für diese Form der Energiegewinnung idealere Bedingungen als im größtenteils klirrend kalten Universum bei Temperaturen bis rund drei Grad über dem absoluten Gefrierpunkt. Wenn eine Sache in den Weiten des Kosmos unerschöpflich ist, dann Kälte. Zudem erzeugt rotierendes Quecksilber ein gleißendes Licht mit enormer Strahlkraft – ein toller Nebeneffekt für jeden Kosmonauten, der was sehen will bei der Arbeit. Wie viele extraterrestrische Zivilisationen machten sich Eigenschaften von Quecksilber wohl schon zunutze für ihr Space Perpetum Mobile?

Entsteht eine Art Abkürzung in Form eines Vortex, wenn Raum gekrümmt wird und wie zwei Schichten parallel zu sich selbst verläuft? Albert Einstein bejahte das und ließ seine Überlegung bei der Sonnenfinsternis am 29.05.1919 überprüfen. Die anschließende Datenauswertung bestätigte seine These zur Raumkrümmung bei Verdichtung der Materie durch überschnelles Reisen. Die Idee zum „Übereinanderlappen" der Raumstränge und deren Übergang an der kürzesten Strecke bekam den Nickname „Wurmloch": Eine Abkürzung durch die Entstehung eines neuen Raumfensters wird erzielt – somit „frisst" sich der Raum vom Ausgangsraum zum Zielraum – vergleichbar mit einem Wurm im Apfel. Vortex, Wurmloch, Jump Point haben sich als Bezeichnungen für die *Einstein-Rosen-Brücke* etabliert. Ganz fair ist die Namensgebung nicht, denn ihr Grundstein wurde bereits 1916 von Ludwig Flamm gelegt.

Da hängt was!

Zahlreiche Sichtungen von „Unidentified Flying Objects", also nicht identifizierte fliegende Objekte, kurz Ufo, wurden während der letzten Jahrhunderte beschrieben. Über Schlachtfeldern wurden sie als rotglühende Wolken dargestellt, aus denen seltsame Objekte hervortraten. Gervasius von Tilbury beispielsweise berichtete über ein Objekt, das am Kirchturm in Bristol hängenblieb. Ein fremdartiges Wesen kletterte aus dem „fliegenden Schiff" und versuchte, den „Anker" von der Kirchturmspitze zu lösen. Die Bewohner Bristols kamen, um den Fremden zu steinigen. Der arme Kerl schien doppelt Pech zu haben an jenem Tage.

Erich von Däniken fotografierte den Fliegerling auf der folgenden Abbildung und seinen Kollegen in einer Kirche im ehemaligen Jugoslawien. Es zeigt die Szene der Kreuzigung Jesu auf dem Ölberg. Hier ersichtlich: der „Verfolger", und auf dem Buchcover sehen Sie den „Abhauenden". Falls die zwei tatsächlich anwesend waren, hatten sie vielleicht einen gemeinsamen Masterplan, und die Auferstehung von Jesus könnte zum Zeitpunkt ihrer Himmelfahrt schon unter Dach und Fach gewesen sein.

Quelle: aus dem Fotoarchiv von Erich von Däniken

Andere Beispiele: „Die Verkündung" von Lafayette spricht für sich: Was soll das Objekt am Himmel anderes darstellen als ein Raumschiff? Nach Ansicht von Kunstkritikern sicher eine mystifizierte Darstellung einer göttlichen Kraft unter Berücksichtigung der künstlerischen Verzerrung durch den Maler. Das erscheint abwegig, denn auffällig ist, dass der Schaffende ausnahmslos jeden Gegenstand und jede Person präzise wiedergab – wohlgemerkt: unter Berücksichtigung der Dreidimensionalität. Gebäude und Menschen sind abgebildet, als hätte ein Fotograf die Szene festgehalten. Wieso sollte der Maler bei der Erscheinung am Himmel eine Ausnahme machen? Meiner Ansicht nach verewigte er exakt das, was er gesehen hatte. Nicht mehr, aber eben auch nicht weniger.

Meet & Greet mit dem Papst?

Bis zum Ende der Spanischen Inquisition lehnte die mächtige Obrigkeit der katholischen Kirche den Gedanken von außerirdischem Leben nicht nur ab – sie folterte, und nicht selten ließ sie Andersdenkende töten, um „blasphemische" Sichtweisen zu eliminieren und den Menschen unumstößlich als Krone der Schöpfung zu preisen – wohl nicht aus Gottesehrfurcht oder Empathie dem Volk gegenüber, sondern eher aus politischen Gründen (apropos: Geht es Ihnen mittlerweile genauso, dass Ihre erste Assoziation in Verbindung mit dem Wort „Krone" weder eine schöne Königin noch ein prunkvolles Schloss hervorruft, sondern – welch Wunder: „Corona!"?).

Geistliche standen ebenbürtig neben Vertretern des Adels als mächtigste Herrscher Europas und schreckten nicht einmal vor dem an die Konquistadoren weiterdelegierten Auftrag zum Massenmord auf fernen Kontinenten zurück.

Die Zerstörung von jahrtausendealten Traditionen, Kulturen, Wissen über Mathematik, Astronomie, Architektur, Medizin sowie Beschreibungen über das funktionierende Miteinander wurde im Namen Gottes vollstreckt. Warum der Vatikan nach wie vor einen Teil seines Archivs unter Verschluss hält, könnte als Grund die partielle Einbehaltung von Aufzeichnungen sein, denn Wissen ist bekanntlich Macht.

Dem „Ungläubigen" sollte zur Erlösung verholfen werden. Es stellt sich die Frage, ob eher unstillbares Machtstreben die Intension für jene Grausamkeiten darstellte – oder gar die Furcht vor einem fremdländischen Wissensschatz, der die eigene Vorstellungskraft sprengte.

Anfang des 21. Jahrhunderts fand ein Umdenken statt: 2008 verkündete der Chefastronom des Vatikan, Pater Jose Funes, Papst Benedikt XVI. würde hinsichtlich der Astronomie „den Intellekt respektieren". Pater Fumus selbst räumt die Möglichkeit von extraterrestrischen Intelligenzen ein. Sehr erfreulich, doch mit Pater Fumus' Aussage, Gottes Fleischwerdung in Jesus wäre einzigartig im Universum, gehe ich nicht d'accord.

In anderen Weltreligionen geht das auch. Im Hinduismus hat sich schon oft ein Außerweltlicher die Mühe gemacht, den Irrläufer Mensch wieder aufs Wesentliche hinzuweisen –

weg von Pillepalle, Flitterglitter, Selbstver-
liebtheit und dergleichen. Zwei Beispiele sind
Rama und Krishna; in der Bhagavadgita wie
folgt nachzulesen:

> *Wenn Frömmigkeit hinschwindet*
> *und Niedertracht ihr Haupt erhebt,*
> *schaffe ich mich neu*
> *zum Schutze der guten Menschen*
> *und zu der Bösen Untergang.*
> *Um Frömmigkeit neu zu festigen,*
> *entsteh' in jeder Zeit: ich.*
>
> 4. Gesang, ab Vers 7

Nichts gegen Jesus, ganz im Gegenteil. Er hat
Großes bewirkt, keine Frage, doch der Einzige
war er nicht – Gott sei Dank (im wahrsten Sinne
des Wortes).

Papst Franziskus signalisierte im Mai 2014, er
würde Außerirdische sogar taufen. Nick Pope,
ehemaliger Mitarbeiter des britischen Vertei-
digungsministeriums, hält diese Kehrtwendung
innerhalb des Vatikan für einen möglichen
Schachzug und stellt die Frage, ob hochrangige
Vertreter der katholischen Kirche Seite an Seite
mit einer oder mehreren führenden Regie-
rung/en zusammenarbeiten, die ein gemeinsames Forschungsprojekt mit außerirdischen Entitäten führt / führen. Falls dies zutrifft, wäre es
nach Popes Ansicht denkbar, dass die Kirche als

110

toleranter Wegbereiter in ein neues Zeitalter „der Konkurrenz voraus sein möchte", wenn es eines Tages zur Verkündung einer außerirdischen Präsenz auf unserem Planeten kommen sollte.

Relax, unwind, enjoy!

Giorgio Tsoukalos, der Herausgeber des *Legendary Times Magazine*, sagte einst: „Man muss schon sehr lange suchen, um einen Wissenschaftler zu finden, der die Theorie von außerirdischen Intelligenzen ablehnt. Ich kenne keinen!"

Wenn doch ein Großteil der Wissenschaftler die Idee der Prä-Astronautik begrüßt, sollten in gleichem Maße Fördergelder in deren Untersuchung fließen wie in Forschungsprojekte der Archäologie. Letztere stellt die Dominanz dar, deren Erkenntnisse Einzug in Lehrbücher erhielt und bis heute Grundlage der offiziellen Lehrmeinung ist – und somit das, was Schülern im Geschichtsunterricht beigebracht wird.

Archäologie, die zur allgemein gültigen Lehrmeinung beiträgt, sollte Spielraum für neue Sichtweisen bieten. Geschichtsschreibung und

Anthropologie, wie wir sie kennen, tun dies nicht. Wo behauptet wird, dass die eigene Ansicht die unumstößliche Wahrheit bildet, ist Stillstand nicht fern.

Hier liegt der Unterschied zwischen Anhängern der Prä-Astronautik und ihren Gegnern: Erstere stellen Fragen und beweisen Neugierde, Letztere bezeichnen ihre Schlussfolgerungen als Maß aller Dinge und begeben sich auf die Stufe der Allwissenden – das erinnert an die diktatorisch denkende und handelnde geistige Elite des Mittelalters.

Sie hielt die Erde für das Zentrum des Kosmos, als fixen Punkt, der von Sonne, Mond und Sternen umkreist wurde. Andersdenkende wurden verfolgt, unter Druck gesetzt, zur öffentlichen Revidierung gezwungen – oder es geschah Schlimmeres.

Der Befürworter der Prä-Astronautik ist entspannt. Lieber Leser, urteilen Sie selbst, was Ihnen sympathischer ist.

Im Großen und Ganzen
haben wir Alle Grund zu tanzen!

Erich von Däniken sei an dieser Stelle noch einmal herzlich gedankt für seine Großzügigkeit, dass ich aus seinem gigantischen Fotoarchiv von über 200.000 Bildern eine Auswahl für mein Buchprojekt treffen durfte. Niemals hätte ich das zu träumen gewagt!

Auch Reinhard Habeck möchte ich von ganzem Herzen danken, denn unsere Korrespondenz half mir über drei Verzweiflungsmomente hinweg. Besonders sein Satz „Auf zu den Sternen" war und ist ein großer Ansporn – und wird es immer bleiben. Dass er mir Bilder aus seinem umfassenden Werk zur Verfügung stellte, ist ein unbeschreibliches Geschenk, und ehrlich gesagt kann ich mein Glück immer noch nicht fassen.

Das Nomoli-Rätsel ist detailliert in seinen Werken beschrieben:

Unsolved Mysteries, Ausstellungskatalog, Wien 2001;
Im Labyrinth des Unerklärlichen (mit Klaus Dona), Rottenburg 2004;
Dinge, die es nicht geben dürfte, Wien 2008 und Rottenburg 2014;
Ungelöste Rätsel, Wien 2015.

Zum Rätsel gibt es eine phänomenale Geschichte, die Reinhard Habeck beschreibt, denn er war selbst anwesend, als das Unglaubliche geschah. Mehr wird nicht verraten! ;-)

Weiterhin danke ich Martin Wehrle, der mir mit seinem grandiosen Buch „Der Klügere denkt nach" in einer wichtigen Phase der Manuskripterstellung zu neuen Ansätzen verhalf.

Dr. Georg Ringsgwandl riet mir die Streichung der Einleitung, da sie das Buch seiner Ansicht nach kleiner machen würde als es ist. Möglicherweise trifft das zu, jedoch finde ich deren Aussage erwähnenswert, denn es geht um die Ermutigung anderer Autoren.
Dennoch: Danke, lieber Georg. Wie ungeschönt du mir deine Meinung bei meinen Projekten immer wieder um die Ohren haust, ist beispiellos – und segensreich!
Die betreffende Textstelle erhält Einzug in dieses Buch für Menschen, die einen Traum haben, eine Vision, einen Wunsch. Meine Botschaft ist:

Macht euer Ding.
Tut es.
Jetzt.
Lasst euch nicht verunsichern und schon gar nicht unterkriegen.

Bewahrt euch eure Leidenschaft, denn nur die bringt euch zu den Sternen.
Und nicht vergessen:
In der Ruhe liegt die Kraft – und *nur* in der Ruhe.

Die Corona-Marszeug-These

Lieber Leser,

nur machbar, weil durch meine Wahl zum Self-Publishing kein roter Lektorenstift durchs Skript kreuzt, folgt *nachstehend* – wer hätte es gedacht – die ursprünglich gedachte *Einleitung*.
Komprimiert beschreibt sie den Entschluss zur Änderung des Buchtitels sowie den Verlauf der kurzen Bewerbungsphase bei einem Verlag, der für ein Erstlingswerk zum Thema Paläo-SETI geeignet schien. Anhand der Korrespondenz mit dem Verlagschef und dessen Presseleitung wird meine Entscheidung zum Self-Publishing ersichtlich.
Es sei noch einmal erwähnt, denn es kann nicht oft genug gesagt werden: Ich möchte alle Schaffenden, die durch Zweifler ausgebremst werden, ermutigen.
Macht weiter!
Für die Schreiberlinge unter Euch, die schon länger ein Projekt planen, hier ein Gedanke und

bestenfalls Ansporn: Ein Buch schreibt sich nicht von selbst, behaltet dies stets im Fokus. Es kann nur entstehen, wenn ihr dranbleibt: Wort für Wort für Wort (nachzulesen in *On Writing* von Stephen King).

Vor vielen Jahren erhielt ich von meinem lieben Freund Georg folgenden Rat:

> *Rede nicht darüber, denn über ein Buch*
> *spricht man nicht – man schreibt es.*

Ohne diesen Satz hätte ich meine drei Bücher vielleicht nie verfasst.
Wer an einem Manuskript arbeitet, das nicht nur ein solches bleibt, sondern irgendwann als Buch erscheinen soll, pinnt sich diesen Satz am besten an den Spiegel. Es hilft.

Punky, unkonventionell, vielleicht erstmalig in der Literatur – und zur Freude der Autorin folgt nun:

… die Einleitung ! ➔

(ursprüngliche)

Einleitung

„Und Gott sprach: Es werde lichter."

Das war der Favorit der Autorin bei der Titelsuche für das vorliegende Buch über Prä-Astronautik. Für ein Manuskript, das die Frage behandelt, ob Seuchen gottgewollt oder „alien-gewollt" sind, erschien der Titel passend.
Herrn H. ist zu verdanken, dass es nun anders heißt, und das kam so:

Herr H. ist Leiter eines Verlages, der 1998 gegründet wurde und Literatur zu parapsychologischen Phänomenen veröffentlicht. Wir telefonierten am 12. März 2021. Zwei Tage zuvor hatte er meine Bewerbung für eine Buchveröffentlichung in Form einer Leseprobe und ein knappes Anschreiben erhalten. Herr H. bat um die Zusendung des vollständigen Manuskripts.

In der darauffolgenden Woche folgte ein Telefonat mit einem Repräsentanten der Presseleitung. Deren Abgesandter Herr K. gab der Autorin zu verstehen, das „Skript" würde in fünferlei Hinsicht sowohl seine Erwartungen als auch die des Verlagschefs übertreffen. Hier ein Auszug aus dem Gespräch in etwaigem Wortlaut:

Herr K.: Aufbau, Spannungsbogen, Schreibstil – toll! Kaum Fehler. Das Thema Prä-Astronautik fehlt uns noch im Portfolio. Trotzdem haben wir uns gegen eine Veröffentlichung entschieden.

Simone Guillaumon (SG): Das überrascht mich nicht.

Herr K.: Wie darf ich das verstehen?

SG: Für mein voriges Buch aus 2016 habe ich einen einzigen Verlag angeschrieben und kurz darauf die Vertragsunterlagen erhalten. Bei meinem ersten Manuskript 2008 gab es über 120 Absagen, bis nach monatelanger Suche eine Zusage eintraf. Ich gehe vom Mittelwert aus. Somit stehen 59 weitere Bewerbungen aus.

Herr K.: Sie werden keinen Verlag finden, wenn Sie das Manuskript nicht noch einmal überarbeiten.

SG: Inwiefern?

Herr K.: Uns fehlt der wissenschaftliche Aspekt – und streichen Sie die Verschwörungstheorien!

SG: Welche Verschwörungstheorien?

Herr K.: Naja, Sie wissen schon, das ganze Seuchen-Marszeug und die anderen kruden Sachen.

SG: Verstehe.
(Hier log ich)

Herr K.: Das Material ist gut, aber in Form des vorliegenden Skripts: unverkäuflich.

SG: Vielen Dank dennoch für Ihre Zeit und Ihren Rat.

Herr K.: Nicht dafür.
(Er betonte die erste Silbe, das klang so: *nicht daaafür*.)

In einer E-Mail des Verlagsleiters Herrn H., die mich einen Tag später erreichte, äußerte er den Wunsch, weder sein Name noch der des Herrn K. sollte bei weiteren Schritten genannt werden.

Weiterhin würde er es begrüßen, wenn sein Verlag öffentlich nicht in Verbindung mit der „Corona-Marszeug-These" gebracht würde.

An dieser Stelle möchte ich mich in aller Ernsthaftigkeit bei Herrn H. für seine sicherlich mit Bedacht gewählten Worte bedanken, denn: Der Buchtitel war geboren.*

Aus dem äußerst unglücklichen Bewerbungsverlauf resultierte die äußerst glückliche Tatsache, dass mir nun sämtliche künstlerischen Freiheiten zuteil wurden. Das Ergebnis dieser Fügung halten Sie in den Händen.

Dieses Buch ist nach Ansicht von Herrn H. und Herrn K. zum Scheitern verurteilt.

Ein entsprechender beruflicher Werdegang der Autorin, der die Rechtfertigung zur Niederschrift begründet, liegt nicht vor.

Weiterhin resultiert der Entstehungsverlauf dieses Buches weder aus jahrelanger archäolo-

---

* Anmerkung: Ein lieber Autorenkollege riet mir kurz vor der Buchveröffentlichung ab vom Titel
„Die Corona-Marszeug-These –
Prosa, Poesie & Punk zur Prä-Astronautik".

gischer Untersuchungsarbeit noch aus einem Studium auf den Gebieten der Theologie, Astrophysik, Anthropologie oder dergleichen.

Eines jedoch sei garantiert:

Es wurde mit Leidenschaft, Hingabe und Herz verfasst.

Viel Freude beim Lesen wünscht

Simone Guillaumon

Bruderherz

Mittwoch, 14. April 2021 – der 86. Geburtstag des Godfather of Paläo-SETI Erich von Däniken. Ich wähle die Nummer meines Bruders P. (PG). Die Mailbox meldet sich. Ich, Simone (SG), hinterlasse die Nachricht: „Hey Pop, ruf zurück, es geht ums Buch, bitte bald, es pressiert."

P. ist Haus- & Gartenbewohner im Home-Office, Vater von zwei Kids, Mann einer berufstätigen Frau, Hobbykoch, ... und langweilt sich eher selten.

Kurz darauf rief er zurück.

PG: Aloha Schwesterherz, was gibt's?

SG: Kannst du die Rohfassung von meinem neuen Manuskript prüfen? Dann schicke ich sie dir gleich per Mail.

PG: Zu welchem Thema?

SG: Prä-Astronautik.

PG: Echt? Das ist ja abgefahren! Das Thema ist hammerinteressant. Ich hab da ja überhaupt keine Zweifel, dass Außerirdische auf der Erde waren und uns ordentlich unter die Arme gegriffen haben. Ich hab auch die eine oder andere Theorie. Zum Beispiel: Maria wird vom Heiligen Geist in den Himmel gebracht, und da wird sie von Gott per unbefleckter Empfängnis geschwängert. Öha! Ja klar, klassische *Ich wurde von Außerirdischen entführt und für Experimente missbraucht*-Story. Sohnemann Jesus hat dann Superkräfte wie Kranke heilen oder Wasser zu Wein verwandeln. Na ja, irgendwelche Fähigkeiten des *Vaters* muss er ja haben. Ansonsten würden so Hybrid-Experimente ja keinen Sinn machen. Als wir ihn dann sicherheitshalber umgebracht und in einer Höhle verscharrt hatten, fuhr er mit Triumph und Lichtergewitter hinauf in den Himmel. Tja, da ham's den halt wieder abg'holt und mit 'nem Traktorstrahl hochg'saugt. Experiment gescheitert. "Die do drunt sand no neht so weit! Versuach mas in a boar dausend Joahr no amoi!

SG: Hast du fertig?

PG: Nein, warte, es kommt noch besser: Die größte Weltreligion glaubt an einen "Gott" und dessen irdischen Sohn aufgrund von aufgeschriebenen Geschichten, Kultgegenständen, geografischen Hinweisen, BlaBlaBla. Keine Beweise. Nada. Aber ist vollkommen normal, daran zu glauben. Bloß nicht fragen, ob das echt wahr ist. Prä-Astronautiker glauben an "Aliens" aufgrund von aufgeschriebenen Geschichten, Kultgegenständen, geografischen Hinweisen, BlaBlaBla. Keine Beweise. Nada. Aber daran zu glauben? Äh-Äh. Bist du bekifft oder was?

Aber so was kann man ja nicht gut offen sagen. Da halten's einen gleich für Plemplem. Egal, wie kannst du mich fragen, Lektor zu spielen, wo ich doch eh nie Zeit hab!

SG: Machst du's oder ja?

PG: Allahopp, her damit!

Die E-Mail an meinen Bruder erfolgte umgehend, daraufhin: zwei Wochen Stille. Ich rief an.

SG: Hey Pop, hast du schon was gelesen?

PG: Ja, mir ist da was aufgefallen. Wenn du nicht in die Aluhut-Ecke willst, dann solltest du keine offensichtlich unlogischen Argumente benutzen.

SG: Welche meinst du?

PG: Die Chromkugel aus der Nomolifigur beispielsweise. Wenn Chrom erst 1872 entdeckt wurde, heißt das nicht, dass es nicht schon vor 17.000 Jahren auf der Erde existierte. Vielleicht hat sich jemand ein Stück Meteorit irgendwo rausgebrochen und das Stück zu ner Kugel geschliffen.

SG: Sie ist gegossen. Nicht gemeißelt, nicht geschliffen, und besteht aus Chrom, das schmilzt erst bei knapp 2000° C. Ein Lagerfeuer schafft rund 1000° C. Ich glaube nicht, dass jemand in einen Vulkan gekrochen ist, um ein Stück Meteorit reinzutunken, Chrom rauszu-

schmelzen, um sich dabei die Griffel zu ver-
brennen, weil er eine Chromkugel basteln will.

PG: Verflossen, gegossen, Manna gsoffen. Na,
das mit dem Schmelzpunkt von 2000° C, und
wie das jemand damals geschafft haben soll?
DAS ist doch ein ordentliches Argument! Also,
versteh mich nicht falsch, ich glaube ja auch an
außerirdische Besucher, die den Menschen
beeinflusst haben, aber du musst halt aufpassen, dass du dich nicht angreifbar machst.
Daher solltest du das mit der Entdeckung von
Chrom als Argument eher weglassen. Du weißt
schon: die Aluhüte.

SG: Nö. Lass ich drin. Bloß, um dich zu ärgern.
Und ich glaube, ein schicker Aluhut passt gut
zu meinen Augen.

PG: Ja, ja. Mach nur. „Der Aluhut, der steht mir
gut. Ich bin die Alien-Frau, die Aliens waren da,
das weiß ich ganz genau." Ist für mich OK. Für
mich bist ja eh scheeh. So, genug Pepp-Talk für
heute. Ich muss los. Zeit, mich ums Essen zu
kümmern. Du machst das schon!

SG: Sei umarmt!

Danke, lieber Bruder.

Ein letzter Satz zum Punk

Sie darf nicht fehlen: Nina Hagen. Auch sie gehört in den Club der Ufo-Gläubigen, Ehrensache.

♫ *Gott im Himmel* ♫
Nina Hagen

Wenn ich sterbe und man legt mich ins Grab
dann holt mich mein total geliebter Schutzengel ab
Beim schönsten Sterbeglockengebimmel
heb ich ab und flieg zu Gott in den Himmel

Ich höre noch das Sterbeglockengebimmel
Ich fliege los und fahre richtig und total drauf ab!
Bereite Dich vor, denn jeder schießt mal sein Tor
Wir alle müssen mal verreisen, nur dass Du es weißt
Hey, der Typ, der Jesus heißt, der wartet auf Dich
Und er hilft Dir sicherlich
Und Gott weiß Bescheid und wir werden befreit,
mein Guru-Rastabasta-Medizinmann
Halt Dich bereit für die neue Zeit
von Gesicht zu Gesicht beim Jüngsten Gericht
Ich hab mich schrecklich blamiert,
aber jetzt hab' ichs kapiert:
Oh Gott im Himmel, ist das ein Leben!
Ich kann mich schon freun
und werde so sein wie Jesus und wie Gott
so richtig schick und flott
Ich kann mich schon freun
Ich brauche gar nichts bereun
Denn meine Sünden sind vergeben
Ich steig voll drauf ein
Bald werd ich bei ihnen sein
bei Jesus und bei Gott, so richtig schick und flott
bei Jesus und bei Gott, so richtig Hüh und Hott

Written by Greenbaum, Great Honesty Music/
Melodie der Welt, (P) 1985 Sony Music Enter-
tainment (Holland)B.V. ISRC: NL-B63-85-40011

3. POESIE

Hallo Marsmann, gefällt dir der Mensch?

In unzähligen Nächten trat ich hinaus, Zeit meines Lebens, um den Schleier unserer Heimatgalaxie mit dem poetischen Namen „Milchstraße" zu bestaunen. Ich erfreute mich an hellen Vollmondnächten, lernte Sternbilder kennen und flüsterte Fragen in die Richtung des leuchtenden Firmaments wie:

Wo seid ihr?

Wie lange und wie oft wart ihr hier?

Was habt ihr erlebt?

Wie sieht euer Heimatplanet aus?

Steht ein Mond an eurem Nachthimmel oder mehrere?

Habt ihr eine Sonne oder zwei?

Welche Farbe hat euer Himmel?

Habt ihr Wälder, Berge und Meere?

Könnt ihr riechen, schmecken, lachen, weinen?

Seid ihr klug und lebt in Frieden oder dumm und zerstört euch gegenseitig und euren Planeten durch Krieg und Ausbeutung?
Kommt ihr zurück?
Gibt es etwas, das ihr an uns bewundert?
Gefällt euch der Mensch?

Leuchtende Erinnerung
an vergangene Sterne

Am 13. August 1977 stand ein kleines Mädchen am Vorabend ihres sechsten Geburtstages am Feldrand eines kleinen Winzerdorfes am Rande des Pfälzerwaldes an der Hand ihres Vaters und blickte gemeinsam mit ihm in den Sternenhimmel hinauf.

„Such' dir einen Stern aus und schau ihn an", forderte er seine Tochter auf. „Hast du einen?" Sie nickte. „Guck mal, es kann sein, dass genau dieser Stern 2.000 Lichtjahre von der Erde entfernt ist. Das bedeutet, er hat sein Licht, das du jetzt siehst, schon vor zweitausend Jahren losgeschickt. Stell dir vor: So lange ist dieser Strahl durchs Universum gereist, und erst heute kannst du ihn sehen.

Wenn er jetzt in diesem Moment explodiert, werden die Menschen auf der Erde sein Licht noch zweitausend Jahre lang sehen können. Erst dann erlischt er. Es kann also sein, dass du in den Himmel schaust und Sterne siehst, die schon vor Jesu Geburt oder viel früher aufgehört haben, zu existieren."

Das kleine Mädchen hielt den Atem an und spürte, wie seine Knie weich wurden. Sie schwiegen eine Weile. Dann fragte es: „Glaubst du, dass es woanders, dort oben ganz weit weg, noch andere Lebewesen gibt?", und sein Vater antwortete: „Ja, das glaube ich ganz fest. Nur jemand, der nicht verstanden hat, wie groß das Universum ist, glaubt nicht daran."

Die Reise der Tochterseele

Nur jemand, der nicht verstanden hat, wie groß das Universum ist, glaubt nicht an außerirdisches Leben. Diese Worte stammen von meinem Vater, der am 16. Januar 1937 in Mannheim geboren wurde und am 3. Dezember 1995 im Alter von nur 58 Jahren viel zu früh und mit einem Herz aus Gold verstarb.

Dieses Buch ist ihm gewidmet. Es ist eine Danksagung an die schönste Seele, die meine Kindheit begleitet hat, an den Menschen, der mir so vertraut war wie kein anderer, der mich einen

130

Tag vor meinem sechsten Geburtstag an die Hand nahm, um mit mir durch den lauen Sommerabend zu spazieren und mich dazu aufforderte, hinaufzublicken ins gigantische Funkeln des Sternenzeltes – und ein stiller Dank an die Weisheit und ewige Kraft jenseits aller Dimensionen, die mich als seine Tochter erwählte, mich hinabschickte in seine Arme und mich an seiner Seite aufwachsen ließ. Mein Vater war es, der mir die Augen öffnete und mich dazu ermutigte, neugierig zu sein, nachzudenken und Fragen zu stellen.

Oft denke ich an jenen Abend zurück. Noch heute klingt sie in mir nach: Die sanfte Stimme meines Vaters, die seine Gedanken in mein Herz trug, wo sie ein Bild von unendlicher Erhabenheit malte über die Sterne, ihr Leuchten und die Reise ihrer Lichtstrahlen. Ihr Klang stieg empor, über unsere Köpfe hinweg, weit hinaus in die ewig während Schönheit des pulsierenden Raumes, dessen Endlichkeit so ungewiss ist, dass es mir bei jedem Versuch, seine Beschaffenheit, sein Wesen und seine Grenzen zu erfassen, den Atem verschlägt.

Quellenverzeichnis:

∞ Bildmaterial aus dem Fotoarchiv von Erich von Däniken
∞ Bildmaterial verschiedener Werke von Reinhard Habeck
∞ Wikimedia Commons